JN002898

これだけ！

専門試験

要点まとめ＆
一問一答

● はじめに ●

　公務員試験における専門試験は、多くの受験生が対策をどうすれば良いか悩む科目です。自分の所属する学部・学科では学べない教科を、一から勉強しなければなりません。受験生にとっては大変な負担です。

　しかし、内容は教養試験の科目と重複している部分が多く、学習するメリットはとても大きいのです。専門試験の得点を教養試験より重視するところもあります。

　専門科目を学習することで、より高いレベルの公務員試験が受験可能であり、選択できる科目も増えて合格可能性が高まります。重複している教養の理解が深まる効果もあります。

　本書は専門試験の重要な科目について、頻出項目をわかりやすくまとめています。難解な専門用語を思い切ってわかりやすく平易な言い回しに変えているので、初めて学習する方にも理解しやすくなっています。

　また、頻出のテーマを図や表にまとめて覚えやすくしていますので、試験直前のチェックにも利用できます。多くの受験生が望んでいた、専門科目を一冊にまとめた対策本が本書です。

　専門科目のバイブルとして、学習開始から試験直前まで、是非ご活用ください。

上野法律セミナー

代表　潤田雅之

本書の特長と使い方

　本書は、地方公務員上級、国家一般職（大卒）、市役所（大卒）レベルの「専門試験科目」の要点をまとめた書籍です。実際の試験で問われやすいポイントを、持ち運びしやすい1冊に凝縮しています。本書は以下のような場面で、お使いいただけます。

●過去問演習に取りかかる前の、基礎知識のインプット
●重要項目の暗記
●試験直前の振り返り

＜学習のステップ＞

 ステップ1　試験種別の出題科目を確認

　まずは受験する試験種別・自治体での、最新の出題科目を調べましょう。例えば、刑法や労働法は、地方公務員上級（県庁など）では頻出ですが、国家一般職や特別区では出題されません。無駄な学習を省き、出題ポイントを確実に押さえた対策をしましょう

ステップ2　科目の概要をつかむ

　各単元の最初には、「ここだけ押さえる！」「かんどころ」という、科目の概要と攻略ポイントがつかめるページを収録しています。特に初めて勉強する科目は、要点だけでは「何を勉強しているの？」と混乱しがち。まずは科目の全体像をつかむのが効率対策の要です

 ステップ3　各単元の要点まとめページで学習

　過去の出題傾向から頻出項目をまとめ、覚えやすく整理しています。付属の赤シートを使って暗記ブックとして使えます。試験直前の最終チェックにも◎

 ステップ4　一問一答ページでチェック

　科目の最後の一問一答ページで、知識の定着をチェック！　インプットが確認できたら、過去問集などで力試しをしてみましょう！

目　次

編集協力　　　　　　山本大輔・志田良子（有限会社ヴュー企画）
本文デザイン・DTP　有限会社プッシュ
イラスト　　　　　　関澤愛
校正　　　　　　　　株式会社鷗来堂

第 1 章

法 律 科 目

科目別出題数の例

試験種別	国家一般職 （大卒）	裁判所	地方上級	特別区	市役所
憲法	5	7	4〜5	5	4
行政法	5	—	5〜8	5	5
民法	10	13	4〜7	10	4
刑法	—	10	2	—	2
労働法	—	—	2	—	2

※出題数は自治体や年度によって変わる場合があります。受験する団体の出題形式を各自
でチェックしてから、勉強を始めてください。

法律科目はこれだけ押さえる!

① 法律とは何か

　法律は皆が幸せに暮らせるように作られたルール。誰と誰の間で使うかによって、2種類に分けることができる。

種類	意味	例
公法	国と国民の間のルール	憲法、行政法
私法	国民と国民の間のルール	民法

> 法律というと難しそうだけど、みんなが平和に暮らすためのもの。「確かにそうだな」と納得できる内容ばかりだよ

② 法律科目の難度とポイント

　法律科目は、憲法・行政法・民法がメイン。この3つはどのレベルの試験にも登場する最重要科目だ。一方、刑法・労働法は試験の種別によっては出題されないので、余裕があれば対策する程度で十分。

種類	難度	特徴	例	ポイント
憲法	☆	国のいじめから国民を守るルール	国は裁判所の許可なく国民を逮捕してはいけない（令状主義）	高校までに勉強した内容もあり、とっつきやすい。なるべく得点できるように
行政法	☆☆	行政の仕事に関するルール	国は国民を傷つけたら、償わないといけない（国家賠償）	身近ではなく、想像しづらい分野。嫌いにならないように
民法	☆☆☆	国民同士のトラブルを解決する時の基準となるルール	借りたお金は返さないといけない（消費貸借契約）	一番身近な分野。範囲がかなり広い
刑法	☆	罪と罰に関するルール	盗んだら、懲役又は罰金（窃盗罪）	出題問数が少ない。深入りしない程度でOK。
労働法	☆	ブラック企業から国民を守るルール	賃金は通貨で払う（通貨払いの原則）	余裕があれば準備する。どちらか1つ選んでも〇

> ご近所同士でトラブルが起きれば、どちらも納得できるよう解決したいよね。その解決策が民法に載っているよ。
> 例えば「隣の家の木の枝が伸びてきたら、切ってもいい?」。答えは、×だよ

③ 法律学のおさらい

　法律学のメインは、法律の内容（条文）を知ること。法律にはルール（例：買い物をしたらお金と物を交換する）や制度（例：政教分離）が書かれている。ただし、その表現に独特な細工があり注意が必要になる。

　例えば、いつも行く公園の入り口にこのような張り紙がされていたとする。このとき、１.自動車、２.車椅子、３.電動自転車、４.ベビーカーのうち公園に入っていけないのはどれだろうか。

車は進入禁止！

　張り紙からは正解はひとつに決まらない。「車」という言葉が含む意味が広いので、張り紙を読んだ人によって違うイメージを抱くからだ。このあいまいな言葉だけでは、ルールとして運用することは難しい。

　じつは法律もこのように、あいまいな表現が多い。具体的に書かないのは、法律を作る段階では、将来をすべて予測してひとつひとつ示すことが難しいため。法律で具体的に決めすぎてしまうと、最新の自動運転車や新たな技術が出るたびに法改正し続けなければならない。国民も困ってしまう。

　あいまいに作られた法律を補うのが法律解釈＝法律学である。

法律の内容を知ること

言葉の意味を探ること

④ 攻略のためのコツ

①木を見て森を見るという精神

　法律科目には見慣れない単語がたくさん登場する。すべてが新しく、ひとつひとつじっくり向き合いがちだが、それが法律系科目の落とし穴。

　真っ先に必要なのは、全体像を把握すること。科目全体の流れをざっくりと頭に入れよう。大雑把に体系をつかんでから、深い知識を入れていったほうが断然、理解が早くなる。

　1本1本の木を見ることに集中しすぎて、その木が全体の中のどの部分に立っているのか見失わないように。

②見慣れない単語をあきらめない！

　登場する単語は漢字ばかりで戸惑うことも多い。英単語を覚えるように、最初は専門用語の意味を確認していこう。

　ただし、わからない単語が出ても、漢字の意味を手がかりに推理していくこともできる（これも立派な法律解釈の手段で、文理解釈という）。

　例えば「法治国家」を「国を法で治める」と読み解けば、法律によって運営されている国という意味が導ける。

　過去問を解くときに用語や選択肢の意味がわからないときは、簡単な文章に変換して、文意を読み解く訓練をしてみよう。

③判例、学説、通説の違いもチェック

法律には、条文だけでなく、以下のようなものが登場する。

判例	最高裁判所が出す裁判の結論。判例は法解釈の実例として、ある種、法律のような影響力を持つ
学説	学者によってなされた法律解釈のこと
通説	学説の中で支持者が多い説のこと

　特に通説が定まらなかったり、意見の対立があったりする箇所が試験で問われやすいので注意。

　なお、条文の番号は覚えなくても大丈夫。

④繰り返しマジック

　人は忘れる生き物。せっかく頭に入れたのに、少しの時間が経つと忘れてしまう。まずは本書を、時間をかけずスピーディに何度も読み返してみよう。記憶の上塗りが定着のコツ。

⑤「フツーの人」としての感覚を磨くと、正解に近づく

　模試や公務員試験本番で、どうしてもわからない問題にあたってしまった。そのときに思い出してほしいのが、「みんなの法律」という言葉。

　法律には、フツーの人が納得できない内容のルールはない。フツーの人としての感覚を信じて、「自分ならこのケースをどう解決するか？」という基準で解答してみよう。法律科目の過去問を解くときにも、この感覚を意識すれば、法律のセンスアップにもなる。

憲法のかんどころ

重要度 ＊＊＊＊
難　度 ＊＊

憲法のポイント

- ●憲法は他のルールの上に立つ「ルールの王様」
- ●国が国民にした「人権を守ります」という約束
- ●「人権パート」と人権を守るための「統治パート」でできている
- ●攻略のキーワードは「国民にちょっとだけ不利」

◯ 憲法はルール界の王様

　日本にある法律・条例のトップに君臨する憲法（最高法規）は、国が主権者国民に示した日本国の理念。

　無数の法律は作られた時期も様々なため、ときに矛盾が起こる。このとき憲法が基準となり、裁判所によって審査される。

憲法
法律
規則・条例・政令

人権パート ▶人が幸せに生きていくための権利

- ●**自由権（P12）**
      精神的自由権　思想、表現、学問、信教の自由
      経済的自由権　職業選択の自由、財産権
      身体的自由権　不当に逮捕されない権利

- ●**社会権（P22）**　生存権・教育を受ける権利

- ●**その他の人権（P24）**　法の下の平等

統治パート ▶人権を守るための国のシステム

●「国民いじめ」をしない国づくりを目指す「統治」

巨大な権力を持った国の支配者は、重税を取り、批判をする国民を逮捕してきた過去がある。国の「国民いじめ」を防ぐために生み出された考え方が人権であり、憲法には人権を守るための統治システムが規定されている。

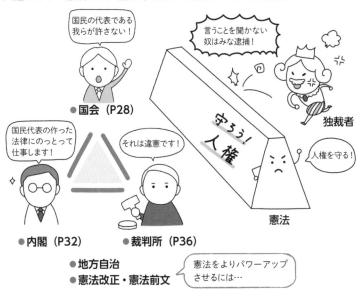

攻略のコツ

◉ 人権パート
- 種類の多い人権をしっかり頭に入れよう
- 特定の判例からの出題が頻出。ドラマのあらすじのように覚えよう。裁判所の結論と理由がポイント

◉ 統治パート
- 出てくる数字に注意。制度は作られた理由（趣旨）を意識すると理解しやすい！
- 国民を守りすぎると、国の運営が止まり、かえって国民にストレスを与えることも。「多少国民に不利」な結論を選ぶと、正解になりやすい

01 憲法 精神的自由権

項目と判例をセットにして覚える

1. 思想・良心の自由（19条）

心の中にあることは、国から干渉を受けない。

思想・良心とは ➡ 世界観、価値観、主義、主張のこと

<制約の程度>

心の中にとどまっていること

↓
絶対無制約
（国から干渉されない）

他の人の目に触れること、他の人に伝わること

↓
公共の福祉により制約あり
（国から干渉される）

<沈黙の自由>

心の中のことを「心の外に表しなさい」と国から強制されない。

<思想・良心の自由に関する判例>

謝罪広告強制事件	単に事実の真相を告白し謝罪を表明する程度の新聞広告を裁判所が強制することは、思想良心の自由を侵害しない（合憲）
麹町中学内申書事件	内申書に「学生運動をしていた」と書かれたが、受験生本人の思想信条そのものが書かれているとはいえないし、本人の思想信条を了知することもできない（合憲）
「君が代」ピアノ伴奏拒否事件	卒業式で音楽教諭にピアノ伴奏をするよう強制することは、必ずしも音楽教諭の世界観を強制することにはならない（合憲）

合憲となっている判例は、その理由を覚えよう！

2. 信教の自由（20条）

＜信教の自由の内容＞ 逆に、神さまを「信じない」権利も信教の自由では認められるよ

信仰の自由	好きな神さまや宗教を信じる権利
宗教的行為の自由	礼拝など宗教に関係する行為ができる権利
宗教的結社の自由	特定の宗教を広めるために、グループを作る権利

＜政教分離原則＞

　国は宗教的活動をしてはならないというきまり。国が宗教を特別扱いせず、中立な立場を守ることで、国民はプレッシャーなく自由に宗教を選んだり、選ばなかったりできる。

　ただ、国が宗教にまったくかかわらないことは難しい（例えば、宗教系の学校に対する助成など）。裁判所は、国と宗教との関わりの程度を目的効果基準を使ってチェックしている。

政治と宗教の分離の程度	ある程度分離（絶対的に分離はできない）
目的効果基準	国が宗教に関わる目的に宗教的意義があり、国が宗教を援助、助長、圧迫、干渉していると見えるときは違憲となる

＜信教の自由に関する判例＞

津地鎮祭事件	地鎮祭は、新築時に行う社会的な儀礼だから合憲
愛媛玉串料訴訟	玉串料を神社に奉納することは社会的儀礼とはいえず、宗教的意義があるから違憲
空知太神社事件	市の土地を無償で神社に使わせることは、市と神社との関わり合いが限度を超えるため違憲

空知太神社事件では、目的効果基準を使わずに裁判所は違憲と判断をしたので注意！

3. 表現の自由（21条）

表現行為に対して、国から干渉を受けない。

表現とは　→　新聞、雑誌、ラジオ、テレビ、絵画、写真、映画、音楽、芝居、ダンスなど形に表すことすべて

<表現の自由の重要性>

①自己実現の価値
表現するときには、どのような言葉を使おうかと考える。自問自答をすると、内面がブラッシュアップされる
②自己統治の価値
自分の意見を他の人に伝え（表現）、話し合うことで、選挙で投票するときの意思決定に役立つ

このような価値のある表現の自由は、とても重要な権利だよ

<表現の自由から導かれる権利>

憲法には文字として書かれていないが、表現の自由を保障する助けになることから、裁判所が認めている権利として知る権利、報道の自由などがある。

知る権利	国民が情報を受け取るときに、国から邪魔をされない権利（自由権）。国に対して情報公開を請求する場合は、知る権利を使うのではなく、情報公開法等の根拠が必要となる
報道の自由	事実を伝える権利。表現の自由の保障のもとにある
取材の自由	報道の材料を探す権利。表現の自由の精神に照らし、十分尊重に値する
法廷でメモを取る自由	裁判を見に行ったときに、メモを取る権利。表現の自由の精神に照らし、尊重されるべき

3つの権利の保障の程度について、裁判所の微妙な言葉の違いに注目！

アクセス権	一般人がマスコミに対し、自分の意見を発表する場を提供することを要求する権利。ただ、裁判所はこの権利を認めていない

＜表現の自由に関する判例＞

石井記者事件	新聞記者には、裁判所での証言拒絶の権利は認められない
外務省秘密漏洩事件	新聞記者が報道のために公務員に執拗に働きかけることは、方法などが法の精神に照らして相当であれば、違法とはならず、正当な業務行為といえる（この事件では、違法となった）

＜検閲と事前差止め＞

検閲は例外なく絶対に禁止。

検閲	行政権が、発表前に表現物の内容をチェックし、発表を禁止すること

厳しい要件を満たせば、裁判所（司法権）は出版物の事前差止めができる

＜検閲に関する判例＞

教科書裁判	教科書検定制度は検閲ではない。教科書検定で不合格になっても、一般図書として発売できるから
税関検査事件	税関検査は検閲ではない。税関検査は思想内容を審査する制度ではなく、すでに外国では発売済みであるから
北方ジャーナル事件	裁判所が行う事前差止めの仮処分は検閲ではない

4. 学問の自由（23条）

＜学問の自由の内容＞

学問研究の自由	真理を発見するため、研究する権利
研究発表の自由	研究したことを他の人に発表する権利
教授の自由	人に教える権利

＜教授の自由の範囲＞

　政府が大学での学問を弾圧したという歴史から、教授の自由とは大学を中心に発展してきた。では、小中高等学校で教授の自由は認められるだろうか。

＜教授の自由の判例＞

旭川学テ事件	小中高等学校での教授の自由も一定の範囲で保障される。教育水準を全国同じにするために、完全な教授の自由は認められない

＜大学の自治＞

　大学内部のこと（人事や施設・学生の管理）は、大学が自主的に決めることができ、政府など外部からの圧力を排除できるというのが大学の自治。学問の自由を守るためである。

＜大学の自治の判例＞

東大ポポロ事件	学生が大学の中で開く集会が学問のためではないのなら、その集会は学問の自由の保障を受けないから、大学の自治により守られることはない

国の大事な制度や決まりそのものを守り、核心を変更してはならないというのが制度的保障だよ。人権を確実に保障する目的があるんだ。制度的保障には、政教分離・大学の自治・私有財産制・地方自治があるよ

5. 二重の基準論

<合憲性判定基準>

　人権は守られるべき。ただ、人権という言葉を盾に好き勝手な振る舞いをするとトラブルが生じる。他者のことを考えて、人権を少し我慢するというのが公共の福祉。どのような我慢をするのかは、個別の法律に書かれている。（例えば、カフェを開くときは、行政の営業許可が必要）。

　この我慢の程度が大きくなると、人権を認めた意味がなくなってしまう。我慢の程度が、憲法上認められるのかどうかは裁判所が判断する。そのときに使うのが、合憲性判定基準。権利の種類により、裁判所は基準を使い分けている。

基準の全体像を頭に入れよう

<二重の基準論>

　精神的自由権への制約（我慢）の程度を判定するときは、経済的自由権よりも厳しい基準を使う。

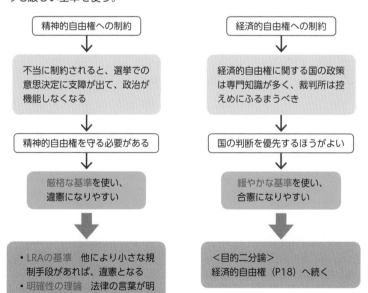

精神的自由権への制約	経済的自由権への制約
不当に制約されると、選挙での意思決定に支障が出て、政治が機能しなくなる	経済的自由権に関する国の政策は専門知識が多く、裁判所は控えめにふるまうべき
精神的自由権を守る必要がある	国の判断を優先するほうがよい
厳格な基準を使い、違憲になりやすい	緩やかな基準を使い、合憲になりやすい
・LRAの基準　他により小さな規制手段があれば、違憲となる ・明確性の理論　法律の言葉が明確でなければ違憲となる	<目的二分論> 経済的自由権（P18）へ続く

経済的自由権

1. 職業選択の自由（22条）

好きな職業を選ぶことができる権利。

＜営業の自由＞

職業を選べても、その職業で働けなければ意味がない。職業選択の自由の一環として、自分が選んだ職で働くこともできる。

＜経済的自由権の場合の基準（目的二分論）＞

経済的自由権に対して制約があるとき、その程度が憲法の考え方に合っているかを裁判所が判断する。経済的自由権を制約する目的が何かによって、そのときに使う判断基準は使い分けられている。

精神的自由権で紹介した二重の基準論と一緒に覚えよう

```
                    経済的自由権
              ↙                    ↘
```

消極**目的規制** 国民の生命・健康に対する危険を防止するための規制	積極**目的規制** 社会的・経済的弱者を保護するための規制
↓	↓
厳格な合理性の基準 同じ目的を達成することができるより緩やかな手段があると違憲	明白性の原則 その規制が著しく不合理であることが明白であると違憲

＜経済的自由権に関する判例＞

薬局距離制限事件 （厳格な合理性の基準）	薬局の開設を許可制にすることは合憲。ライバル競争による薬の安売りで品質を落とさせないための距離制限は違憲
小売市場距離制限事件 （明白性の原則）	距離制限は、ライバル競争による店の共倒れを保護するためであり、憲法に反しない。合憲

2. 財産権（29条）

ひとりひとりが物を所有できる権利。

<財産権の内容>

憲法は財産権を権利として保障するだけでなく、物を所有できるという制度（私有財産制）自体も保障している。

> 財産権は公共の福祉により制約可能。
> 法律はもちろん、条例でも財産権を制限できるよ

<損失補償（29条3項）>

道路を作るため土地が必要なときなど、みんなのために誰かの財産を国が取得するときは、金銭的な補償をするという制度。

補償が必要なとき	特定の人に特別の犠牲を与えるとき
特別の犠牲とは	我慢の限度を超えるような損失
補償の金額	完全補償（全額補償）と相当補償（合理的な計算による金額を補償）の場合がある
補償の規定が法律にないとき	憲法の損失補償の規定を理由にして補償請求ができる
補償のタイミング	国が財産を取得するタイミングと、取られた人が補償をもらうタイミングは、同時ではなくてもよい

<財産権の判例>

森林法共有林事件	2人で所有する森林を分割することを制限する法は、財産権を侵害しているため、違憲

> この森林法事件では、目的二分論は使われていないので注意！

03 憲法

> 逮捕された人や訴えられた人にも権利は認められるよ

身体的自由権

1. 適正手続の保障 (31条)

逮捕・裁判などの刑事手続は法律に従って正しく行う。

＜適正手続の内容＞

罪と罰は法律として国民に公表され、法律に書かれていることも正しくなければならない。

罪を犯した者は逮捕され裁判を受ける。この手続は法律に定められ、法律に書かれている手続も正しくなければならない。

適正手続
- 実体 ＝ 法定 ＋ 適正
- 手続 ＝ 法定 ＋ 適正

> 実体とは刑法、手続とは刑事訴訟法のことだよ

＜適正手続と行政手続＞

憲法31条には「刑罰を科せられない」と書かれているので、刑事手続をイメージした条文である。でも、正しい手続を行うことで人権が守られるという考え方は、他の手続にも共通するはず。つまり行政手続にも適正手続の保障は及ぶこともある。

＜適正手続に関する判例＞

第三者所有物没収事件	第三者の持ち物を没収するときは、持ち主に知らせ、弁解を聞き、反論（告知・弁解・防御）の機会を与えなければならない
成田新法事件	適正手続の保障は刑事手続のことであるが、行政手続にも及ぶ。ただ、行政手続は多種多様であるから、すべての行政手続に及ぶわけではない

2. 被疑者・被告人の権利

　犯罪をしたと疑われている人（被疑者）や検察官に訴えられた人（被告人）にも人権は保障される。

＜令状主義＞

　逮捕や家宅捜索・没収など、強い人権侵害をするときは、裁判官の発行する令状がなければならない。ただし、目の前で行われている犯罪の場合（現行犯）は、間違えて逮捕するおそれがないから令状なく逮捕できる。

> 令状がなくても、必要な限度で家宅捜索をすることも、逮捕をするときには認められているよ

＜黙秘権＞

　言いたくないことは言わなくてもよい権利。国から拷問をされて、自分に不利となることをむりやり言わせられることはない。

> 名前は不利な事実ではないから、黙秘することはできないよ

＜自白の証拠能力の制限＞

　不利な証拠が本人の自白しかないときは、有罪とされない。架空の犯罪を作らないようにするため。

＜公平で迅速な裁判＞

　偏りのない公平な裁判を被告人は長い間待たされることなく受けられる。
　５年もの長い間、裁判が中断したため、具体的な規定はなくても審理打ち切りが許された例がある。

＜遡及処罰の禁止＞

　あることをしたときに、当時の法律に違反していなかったのであれば、法律が変わって違法になったとしてもさかのぼって罰することはできない。

> プログラム規定説がポイント！

社会権

1. 生存権（25条）

健康で最低限度の生活ができる権利。

<生存権の性格>

> 3つの考え方の違いをチェック。
> 裁判所はプログラム規定説を採用しているようだよ

生存権は権利？

NO ←----

YES

プログラム規定説
生存権は国の責務ではなく、道徳義務。権利ではない

抽象的権利説
生存権という言葉は不明確だが法的義務である

具体的権利説
具体的な権利であるから生存権を実現する法律が作られていなければ、裁判を起こせる

0 　　　　　　　　　弱め　　　　　　　　　　強め

権利の強さ

<生存権に関する判例>

朝日訴訟	国から生活保護を受けていた人が、兄から仕送りをもらえることになった。その後、国は生活保護の金額を減らした（合憲）
堀木訴訟	障害福祉年金を受け取っていた人が、児童扶養手当を申し込んだところ、年金と手当をダブルで受け取ることはできないと拒否された（合憲）

> 憲法の中に世界で初めて社会権を盛り込んだのは、ワイマール憲法だよ

2. 教育を受ける権利（26条１項）

自分の能力にあった教育を受ける権利。

＜学習権＞

自分が成長するために、ちゃんとした教育を受けさせてほしいと、子どもが大人に請求する学習権も含まれる。

＜教育の内容は誰が決める？＞

国も国民も、ともに子どもの学習権のためにそれぞれの役割を果たすべき（折衷説）と考えられているよ

 国 ← 折衷説 → 国民

＜義務教育の無償の範囲＞

憲法は授業料を無償としている。

教科書も無償なのは、法律があるからだよ

3. 勤労の権利

ブラック企業から労働者を守る権利。

＜労働基本権＞

団結権	労働組合を作る権利
団体交渉権	労働組合が使用者と労働条件を話し合う権利
団体行動権（争議権）	ストライキなどの行動をする権利

＜公務員の労働基本権＞

公務員も「勤労者」である。でも、公務員は特殊で公共的な仕事をしているため、公務員の労働基本権は制限される。

公務員の種類	認められない労働基本権
警察・消防職員など	三権すべて
権力的な業務の公務員（非現業）	団体交渉権と団体行動権
非権力的な業務の公務員（現業）	団体行動権

05 憲法

新しい人権とその解釈を
覚えよう

その他の人権

1. 幸福追求権（13条）

憲法には書かれていない「新しい人権」を権利として認めていくと、人権保障に手厚くなる。そのよりどころとなる規定が、幸福追求権。

ただ、人格的生存に不可欠かという基準を満たす必要があり、憲法上の権利としては裁判所がまだ認めていないこともある。人権の種類が増えすぎると調整が難しくなるため、裁判所は慎重な姿勢を取っている。

新しい人権	内容・裁判所の立場
プライバシー権	私生活を勝手に公開されない権利。自分に関する情報をコントロールする権利。憲法上の権利として認められている
環境権	よい環境の中で生活する権利。憲法上の権利としてはまだ認められていない

＜新しい人権に関する判例＞

京都府学連事件	承諾なしに自分の容貌等を勝手に撮影されない権利がある。それを肖像権と言うかは別の話
前科照会事件	前科等の情報を勝手に公開されないという法律上の保護に値する利益がある
指紋押捺拒否事件	個人の私生活上の自由の一つとして、何人も指紋の押捺を強制されない自由を持っている
「エホバの証人」信者輸血拒否事件	輸血拒否の意思決定をする権利は、人格権の一内容として尊重されなければならない
講演会参加者名簿提出事件	他者には知られたくないという期待は保護すべきだから、個人情報はプライバシーに係る情報として法的保護の対象となる

2. 法の下の平等（14条）

国はすべての人を平等に扱わなければならない。

<「法の下の平等」の意味>

法適用の平等	誰に対しても分け隔てなく法を平等に使っていく
法内容の平等	法に書かれていること自体も平等でなければならない

この両方ともが揃うと、
「法の下に平等」ということになるよ

<「平等」の意味>

平等とは、相対的平等を意味する。

絶対的平等	個人の差異（個性）を考えず、全員一律に同じ取扱いをすること
相対的平等	個人の差異を考えて、差異ごとに合理的な区別をして取扱うこと

<14条1項後段の読み方>

14条に書かれていること

人種、信条、性別、社会的身分、門地により差別してはいけない

14条に書かれていない理由での差別も禁止。14条は例を示しただけ（例示列挙）
（例）学歴差別も禁止

<1票の価値>

選挙での1票の価値も平等である。でも、1票の価値を優先して選挙の区割りをするのは難しく、実際は1票の価値は平等にはなっていない。選挙区割りが合理的期間内に是正されない場合、違憲となる。

<法の下の平等に関する判例>

尊属殺重罰規定事件 （尊属＝血のつながりのある年長者）	尊属殺規定は、尊属を敬うという立法目的は合理的であるが、刑罰が重く著しく不合理な差別的取扱いをしているため、違憲である

3. 外国人の人権

　人権は、生まれながらにして人に備わっている（固有性）。でも、外国人の人権が日本で保障されるかどうかは、権利ごとに判断する。憲法3章には「国民の権利および義務」と書かれており、外国人に人権が認められるかどうかがはっきりしていないからである。

> 権利の性質上、日本国民のみを対象としているものを除き、日本に在留する外国人にも人権が保障される（性質説）

<憲法上、外国人に認められない権利>

社会権	外国人が所属している国に保障してもらえばよいから
入国の自由、再入国の自由、在留の権利	外国人に入国を許すかどうかは、国際的な慣習として、国が判断するべきことであるから
国政選挙権	国民主権に触れてしまうから。ただ、判例は、定住外国人に地方選挙権を法律で与えることは憲法上禁止されていないとしている

> 地方選挙権は微妙だけど、試験上は外国人に国政選挙権はないと覚えておこう！

<外国人の人権に関する判例>

マクリーン事件	在留中の外国人の政治活動をマイナスに判断し、在留資格の更新をしないこともあり得る
指紋押捺拒否事件	誰でもみだりに指紋の押捺を強制されない自由を持っているが、戸籍のない在留外国人を管理するうえで、指紋押捺制度は合理的な方法である

4. 人権の私人間効力

　巨大な権力を持つ国は、権力で国民をいじめることがある。国の権力から国民を守るため、憲法は国民に権利・自由を保障している。

　現代では国と同じような大きな力を持つ社会的権力（例えば、マスコミ）もあり、それによって国民の権利が侵害される場面がある。憲法を使って国民と国民の間（私人間）のトラブルを解決したほうが、人権保障が手厚くなるが、憲法とは、国と国民の間で使われていく法であるため、議論がある。

＜憲法を私人間にも用いるか＞

説の名前	内容	批判
非適用説	憲法は国の権力を制限するためのものであるから、国民同士の間には適用しない	憲法をまったく使わないのであれば、人権保障に欠ける
間接適用説	私法の一般条項（民法の公序良俗等）の解釈をする際に、憲法の趣旨を取り込む	通説（支持されている考え方）・判例の立場
直接適用説	国民同士の間にも憲法を直接使っていく	私的自治の原則（当事者の意思を尊重）に反する

> 実際には間接適用説が使われているよ。非適用説も直接適用説も極端な考え方だよね

＜間接適用説を使った判例＞

日産自動車事件	定年年齢が男女で異なっていたため、その就業規則が性別による不合理な差別を定めたものとして、民法90条（公序良俗）により無効となった

06 憲法

年齢や日数など数字を整理して
覚えよう

国会

1. 国会の地位

41条に書かれている「国権の最高機関」、「唯一の立法機関」の言葉の意味に争いがある。

「国権の最高機関」

政治的美称説	選挙を通して国の方向性を決める「国民（国民主権）」に最も近い存在だということを強調した飾り言葉
統括機関説	国会は他の機関を統括する上位の機関である

国会が最高機関だとすると、三権分立と矛盾するから、政治的美称だと考えられているよ

「唯一の立法機関」

```
           ┌── 国会中心立法の原則
           │   法律を作れるのは国会だけ。
 唯一の ────┤   （例外）最高裁判所規則・委任立法
           │
           └── 国会単独立法の原則
               国会での手続だけで法律を作れる。
               （例外）国民投票
```

2. 国会の活動

＜二院制＞

	衆議院	参議院
任期	4年（解散あり）	6年　3年ごとに半数改選（解散なし）
被選挙権	25歳以上	30歳以上
選挙	小選挙区選挙 比例代表選挙 （政党名記入、拘束名簿式）	選挙区選挙 比例代表選挙 （個人名・政党名記入、非拘束名簿式）

政党が事前に届け出た候補者名簿の順位にしたがって当選者を決定する方式を拘束名簿式というよ。名簿の順位に拘束されない非拘束名簿式もあるよ

＜会期の種類＞

常会	毎年1月に1回召集	会期は150日間
臨時会	臨時の必要に応じて召集	内閣の要求・いずれかの議院の総議員の4分の1以上の要求により召集決定
特別会	衆議院解散があり、総選挙後に召集	解散から40日以内に総選挙が行われ、その選挙から30日以内に召集

参議院の緊急集会	衆議院解散中に、国に緊急の必要があるとき内閣が開催を求める	次の国会開会の後、10日以内に衆議院の同意がないと、緊急集会の決定は将来に向かって効力がなくなる

> 参議院の緊急集会では、憲法改正の発議はできないので注意しようね

＜会議の原則＞

表決数（可決に必要な数）

低め

原則　出席議員の過半数の賛成
可否同数（賛成と反対が同じ数）のときは議長が決める

定足数

総議員の3分の1以上の出席で会議を開催

例外①　出席議員の3分の2以上の賛成
議員の資格争訟の裁判、秘密会の開会、議員の除名、法律案の再可決のとき

ハードル

例外②　総議員の3分の2以上の賛成
憲法改正の発議のとき

高め

> 憲法改正の発議を可決する要件を満たすのは難しいから、憲法改正はなかなかできないよ。その意味で硬性憲法と呼ばれるよ（その反対は、軟性憲法）

3. 衆議院の優越

国会の中に2つの院があるのは（二院制）、話し合いを慎重に行うため。でも両方の院が持つ力を対等にしておくと、物事がスピーディーに進まないリスクもある。衆議院に重きを置くという制度が衆議院の優越。

＜衆議院の優越＞
①衆議院だけができること

| 内閣不信任決議権（69条） | 可決されると、内閣は総辞職するか、衆議院を解散させるかの二択を迫られる |
| 予算先議権（60条1項） | 予算は衆議院で先に話し合う |

②議決で衆議院の決定を優先するとき

衆議院の議決が優先されるのは次の4つのときだけ。

法律案の議決

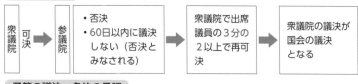

予算の議決、条約の承認

内閣総理大臣の指名

再可決のあり（法律案の議決）・なし（その他3つ）を意識すると覚えやすいよ。よく問われるのは数字の部分

4. 国政調査権（62条）

誰が？	議院が行う（議院の議決で、委員会が行うことが多い）
何を？	国政に関する調査をし、証人の出頭、証言、記録の提出を要求できる。捜査、押収、逮捕のような強制的な手段は認められない（令状主義の意味がなくなるから）
何のために？	国会・議院の仕事をうまく運ぶため（補助的権能説）
どこまで？	限界がある。三権分立に反するような調査や、人権を侵害するようなものは許されない

5. 国会議員の特権

　国会議員は国民の代表。国会議員に特権を与え仕事を守ることが国民のためになる。

①不逮捕特権（50条）

逮捕できないとき
- 国会の会期中
- 会期前に逮捕されたときは、議院の要求があれば会期中は釈放しなければならない

逮捕できるとき
- 院外での現行犯逮捕のとき
- 議院の許諾があるとき

不当に逮捕されると、国会議員が国会の話し合いに参加できなくなり、国民主権が台無しになってしまうよ

②免責特権（51条）

議院で行った演説、討論、表決は院外で責任なし。

議院の活動として議員がすること
↓
議事堂内で行われなくてもよい

民事責任（損害賠償請求で裁判になる）
刑事責任（名誉棄損罪で逮捕される）
}なし

政党が除名等の責任を問うことは構わない

なんでも責任を取らされると思うと、びくびくして仕事に集中できなくなるよね

31

07 憲法

議論がある項目では、各説の
内容と通説はどれかをチェック

内閣

1. 内閣の全体像

国民が選んだ国会議員が、内閣総理大臣を選ぶ。このような選挙を間接選挙という。

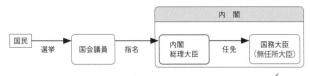

国務大臣には、省庁のトップになる人の他に、トップにはならずに行政の仕事をする無任所大臣もいるよ

2. 議院内閣制

国会と内閣が別の組織で、内閣が国会の信頼を得て成り立つ制度。
⇒そもそもこの制度の本質については議論がある。

<議員内閣制の本質>

学説	議院内閣制とは	内閣の衆議院解散権
責任本質説	内閣に対する国会の民主的コントロールを重視して、内閣が議会に連帯責任を負う	あってもなくても、どちらでもよい
均衡本質説	責任本質説の考え方にプラスして、内閣が国会の解散権を持つことで、両者の力が対等になる	なくてはならない

<憲法の中にある議院内閣制のあらわれ>

- 内閣総理大臣は国会議員でなければならない
- 国務大臣の過半数は、国会議員でなければならない
- 内閣は国会に出席する権利と義務がある
- 衆議院で内閣不信任決議がされると、内閣は衆議院を解散しない限り、総辞職しなければならない

これらの制度が憲法の中に書かれていることから、日本は議院内閣制を採用しているといえるよ

3. 衆議院の解散

　衆議院議員の任期が終わる前に、衆議院議員の身分を失わせること。

　衆議院の解散後に総選挙が行われ、その後、国会議員によって新しい内閣総理大臣が指名される。

⇒「衆議院の解散ができる場合」について議論がある。

＜衆議院の解散ができる場合＞

解散はどのような場合にできるのか？

　【原則】衆議院で内閣不信任の決議案が可決されたときは、10日以内に衆議院が解散されない限り、内閣は総辞職しなければならない（69条）

→これ以外でも衆議院は解散できるのか？

　69条の場合にだけ解散できるとする説
　69条の場合以外にも解散できるとする説（通説）

（69条以外の解散もあるとして）衆議院がみずから解散を選べるか？

　できるとする説
　できないとする説（通説）→内閣が解散を決める

　　衆議院みずから解散を選べる、とすると、多数派が解散を決めることができてしまい、少数派が不利になってしまうよ

内閣の解散権の根拠は？

　7条説（天皇の国事行為の条文）（通説）
　65条説（行政権の条文）
　制度説（議院内閣制）

　　各説の対立する点や、その説を採用するとどのような結論になるか、を問う選択問題が多いよ

4. 内閣総辞職

内閣が自分から辞めることを総辞職という。

＜内閣が総辞職しなければならないとき＞

衆議院で内閣不信任決議があり、10日以内に衆議院の解散がない場合	内閣総理大臣が欠けた場合 （死亡、辞職、除名）	衆議院議員総選挙の後、初めて国会（特別国会）の召集があった場合

特別国会で新しい内閣総理大臣が指名されるよ。
「新しい」といっても、前回と同じ内閣総理大臣が
指名される場合もあるんだ。

5. 内閣総理大臣の権能

内閣総理大臣は内閣のトップ［首長］（66条1項）。
国会議員でなければならないという決まりがある（67条）。

衆議院・参議院議員のどちらでも、内閣総理大臣に選ばれるよ

＜内閣総理大臣の権能＞

a 内閣総理大臣は他の機関の同意などなしに、自分の意思で国務大臣を任命・罷免（やめさせること）ができる
b 内閣総理大臣の同意がないと、国務大臣を訴えることはできない
c 内閣総理大臣は内閣を代表して議案を国会に提出できる
d 行政各部を指揮監督する

6. 内閣の権能

　内閣は内閣総理大臣と国務大臣で組織されるグループ。閣議（内閣の話し合いのこと）での全員一致した意思に沿って仕事を行う。

＜内閣の権能＞

a　法律の誠実な執行と国務の総理
b　条約の締結
c　予算の作成と国会への提出
d　政令の制定
e　天皇の国事行為に対する助言と承認
f　国会の臨時会の召集決定
g　参議院の緊急集会を求める

政令とは、内閣が制定するルールのこと。
政令には執行命令・委任命令がある。これは行政法（P50）で勉強するよ

7. 国務大臣の権能

＜国務大臣の権能＞

a　閣議での発言
b　行政事務の執行
c　議院への出席権
d　内閣総理大臣の同意がなければ、訴追されない

＜各機関の人事　指名・任命・認証のまとめ＞

	指名	任命	認証
内閣総理大臣	国会	天皇	―
国務大臣	―	内閣総理大臣	天皇
最高裁判所長官	内閣	天皇	―
最高裁判所裁判官	―	内閣	天皇

「誰が」「誰を」「どうする」を入れ替えたひっかけ問題がでるよ。基本は上から３つ

08 憲法
裁判所

裁判所で扱わないトラブルや、
違憲審査権について確認！

1. 裁判所と司法権の範囲

●裁判所…裁判を通じて紛争の解決をしながら、違憲審査をする機関。

> 裁判には、民事裁判（主に民法を使う）・刑事裁判（刑法）・行政裁判（行政法）という3種類があるよ

<司法権の範囲>

　国民の紛争をすべて取り上げて裁判をすると、裁判所はパンクしてしまい、かえって国民のためにならなくなる。裁判所は、条件に当てはまった紛争だけを取り上げて裁判する。

| 具体的な紛争 | ＋ | 法によって解決できるもの | ➡ | 裁判してもらえる＝法律上の争訟 |

<法律上の争訟性がないとされたケース>

判例	内容
国家試験の合否	不合格の判定に不満であると主張した。 →学問・技術上の知識、能力の優劣は、法によって解決できず、裁判の対象とはなり得ない
板まんだら事件	宗教的な価値のある「板まんだら」を安置する目的で、本堂建立の寄付が集められたが、後にそれが偽物であったとして、錯誤による寄付は無効だと主張した。 →宗教の教えの正しさを裁判で決めることはできないため、法律上の争訟には当たらない

2. 司法権の限界

　法律上の争訟ではあっても、裁判所が裁判を控える場合がある。

<統治行為論>…高度な政治性があるため、司法審査の対象外とする

砂川事件	米軍基地拡張反対派が基地へ侵入した事件。前提として米軍駐留の合憲性が問われた。 →一見極めて明白に違憲無効であると認められない限り、統治行為は司法審査の対象外であるとされた

＜部分社会論＞…団体の自主性を尊重し、司法審査の対象外とする

富山大学単位不認定事件	経済学部長の授業停止措置を無視し、授業を続けた教授がつけた成績評価（単位）の有効性が問われた。 • 単位授与行為…原則　司法審査は不可 • 卒業認定行為…司法審査は可

3. 裁判官の身分保障

裁判官が外部からの圧力にさらされると、不当な裁判が行われるおそれがある。それでは、国民は裁判所を信用しなくなる。そこで、裁判官の身分を保障することで、裁判所に対する国民の信頼を確保する。

＜裁判官が罷免される場合＞

①裁判官の心身の故障の場合（78条）
②弾劾裁判による場合（78条）
③（最高裁判官のみ）国民審査による場合（79条）

> 弾劾裁判所は国会に設置されるので注意！

＜身分保障＞

定期的に相当額の報酬をもらい、在任中減額されない。

> 国会議員の報酬との違いに注意！
> 国会議員の歳費は、減額することができるよ

4. 裁判所の組織

5つの通常裁判所以外の特別裁判所は認められていない。弾劾裁判所は憲法が認めている例外。

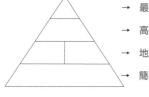

→ 最高裁判所
→ 高等裁判所
→ 地方裁判所・家庭裁判所 ┐
→ 簡易裁判所 ┘ 下級裁判所

> 最高裁判所以外の下級裁判所も、違憲審査ができるよ

5. 違憲審査権

裁判所には、法律などのルール・処分が憲法に合っているかどうかをチェックする権限がある。条約も審査対象になる。

> 処分について、詳しくは行政法(P54)で勉強するよ

<違憲審査権の性格>

違憲審査には2つの方法がある。

抽象的違憲審査制	付随的違憲審査制
具体的な事件が起きていなくても、抽象的に違憲審査を行う 例：ドイツ	具体的な事件があり、その事件解決に必要があれば、違憲審査を行う 例：アメリカ

> 日本は付随的違憲審査制を採用しているよ

<違憲判決の効力>

裁判所が違憲判決を出した場合、違憲となった法律はどうなるのか。

一般的効力説	個別的効力説
違憲判決により、法律はその場で無効になる →国会による廃止手続はいらない	その事件に限って、その違憲となった法律を使わない →国会がその法律を廃止する手続をとると、法律が無効となる

> 日本は個別的効力説だよ

09 憲法
地方自治

> 自治体の独自ルール（条例）と
> 法律の関係を押さえる！

1. 地方自治の本旨

地方自治には2つの方向性がある。

<地方自治の本旨>

	内容	憲法上のあらわれ
団体自治	国から独立した団体が地方自治を行う （自由主義的要素）	地方公共団体の権能 （94条）
住民自治	住民の意思に基づいて地方自治を行う （民主主義的要素）	直接選挙（93条2項） 住民投票（95条）

2. 条例

地方自治体のオリジナルのルールのこと。

条例は、法律を超えてはいけないので、内容の強さは法律＞条例となる。

<条例に関する問題>

テーマ	結論
条例で財産権（憲法上の権利）を規制してもよい？	OK 条例は議会で民主的に作られるので、実質的には法律と変わらないから
条例で地方税の賦課徴収はしてもよい？	OK 地方公共団体には課税権があるから
法令よりも厳しい内容の条例（上乗せ条例）や、法令が規制していないことを規制する条例（横出し条例）を作ってもよい？	条件付きでどちらもOK 地方の実情に応じて別の規制を設けることを、その法令が容認している趣旨であればよい

> 条例は、法律に違反してはダメだけど、法律の趣旨に反しなければさらに厳しいものや、新たな規制を作ってもいいんだ。例えば、滋賀県の条例では「りんを含む家庭用合成洗剤」の使用を禁止しているよ。水質汚濁防止法をより厳しくしているけど、琵琶湖の水質を守るためだからOKなんだ。

10 憲法

改正の手続や「前文」の扱いをチェック

憲法改正・憲法前文

1. 憲法改正（96条）

憲法の内容を変えるときは、3つのステップがある。

新憲法

3段目
憲法公布
天皇が国民の名において
新憲法を公布

GOAL！

2段目
国民投票
国民の過半数の賛成

START！

1段目
国会の発議
国会の各議院で、総議員
の3分の2以上の賛成

国民投票法
投票総数の過半数の賛成

2. 憲法前文

法律の最初に書かれ、目的やモットーを述べる文章のこと。
前文は憲法の一部なので改正には憲法改正と同じ手続が必要。

法規範性	○（ある）	国の最高法規の一部であるから、守らなければならない
裁判規範性	×（ない）	紛争を解決する根拠としてはあいまいなため

＜日本国憲法の基本原理＞

国民主権   基本的人権の尊重   平和主義

●国民「主権」の意味

前文には「主権」という言葉が何か所か出てくる。文章の流れによって、「主権」の意味が変わる。

	統治権	国の持つ支配権のこと
主権	最高独立性	国内では最高で、対外的には独立しているということ
	最高決定権	国の政治のあり方を最終的に決定する力・権威のこと

（　）に当てはまる言葉を答えよう

●人権

	問題	答
1	思いや考えが心の中にとどまっている限り、国から制約を（　）。	受けない
2	心の中にあることを「外に表現しなさい」と国から強制されないのは、（　）があるからである。	沈黙の自由
3	卒業式で音楽教師に国歌のピアノ伴奏を強制することは、思想良心の自由を侵害（　）。	していない
4	政教分離原則とは、政治と（　）を分離するという考え方である。	宗教
5	政治と宗教の分離の程度は、（　）な分離である。	相対的
6	愛媛玉串料訴訟では（　）との結論が出た。	違憲
7	表現の自由は、自己実現の価値と（　）の価値があるためとても重要である。	自己統治
8	裁判所はアクセス権を認めて（　）。	いない
9	報道の自由は表現の自由の保障（　）。	のもとにある
10	取材の自由は表現の自由の精神に照らし、（　）。	十分尊重に値する
11	新聞記者には法廷での証言拒絶権が認められ（　）。	ない
12	検閲が認められる場面は（　）。	ない
13	裁判所は出版物の（　）ができる場合がある。	事前差止め
14	学問の自由には学問研究の自由、研究発表の自由、（　）の自由が含まれる。	教授
15	学問の自由により、（　）の自治が認められる。	大学

憲法

憲法の一問一答チェック

（　）に当てはまる言葉を答えよう

問　題	答
16 制度的保障には、政教分離原則、大学の自治、私有財産制、（　）がある。	地方自治
17 （　）とは、精神的自由権への制約を判定するときは、経済的自由権よりも厳しい基準を使うという考え方である。	二重の基準論
18 職業選択の自由には、選んだ仕事ができるという（　）の自由も含まれる。	営業
19 薬局距離制限事件の距離制限について、結論は（　）。	違憲
20 小売市場距離制限事件の結論は（　）。	合憲
21 （　）は、国が国民の財産を公の目的のために取得するときに行われる。	損失補償
22 適正手続は刑事手続を念頭に置いているが、（　）手続にもその保障は及ぶこともある。	行政
23 不利な証拠が本人の自白しかないときは、（　）とされない。	有罪
24 生存権を道徳的責務であると考える説を（　）という。	プログラム規定説
25 国から生活保護を受けていた男性が兄から仕送りをもらえることになった。その後、生活保護を打ち切られ裁判になったという判例を（　）訴訟という。	朝日
26 世界で初めて憲法に社会権を盛り込んだのは（　）憲法である。	ワイマール
27 憲法上、義務教育の無償とは（　）のことである。	授業料
28 労働基本権とは、団結権、団体交渉権、（　）である。	団体行動権
29 憲法に書かれていない人権は、（　）を根拠に憲法上の権利として認められる場合がある。	幸福追求権
30 憲法上の権利として認められるかどうかは、（　）かどうかで判断される。	人格的生存に不可欠

●統治

	問　題	答
31	「国権の最高機関」という表現は、(　　)と考えられている。	政治的美称
32	国会だけが立法できるという原則を(　　)という。	国会中心立法の原則
33	国会だけの手続で立法できるという原則を(　　)という。	国会単独立法の原則
34	議員の半数改選をするのは(　　)である。	参議院
35	参議院の緊急集会の決定は、次の国会開会後(　　)日以内に衆議院の同意がないと、(　　)効力がなくなる。	10、将来に向かって
36	内閣不信任決議が可決されると、内閣は(　　)・衆議院の解散の2択を迫られる。	総辞職
37	国政調査権を有するのは(　　)である。	議院
38	国会議員の特権には、歳費受領特権、(　　)と免責特権がある。	不逮捕特権
39	省庁のトップではない内閣メンバーを(　　)という。	無任所大臣
40	議院内閣制の考え方として、(　　)と均衡本質説がある。	責任本質説
41	国務の総理をするのは(　　)である。	内閣
42	内閣総理大臣を指名するのは(　　)で、任命するのは天皇である。	国会
43	裁判官の報酬は、在任中、減額(　　)。	されない
44	日本は(　　)違憲審査制を採用している。	付随的
45	住民自治と団体自治を(　　)という。	地方自治の本旨

憲法

43

行政法のかんどころ

重要度 ★★★★★
難 度 ★★★★

行政法のポイント

- 行政が仕事をするときのバイブル。行政の暴走を規制するための法律
- 問題を解くポイントは「人権配慮」と「効率」のバランス
- 「行政法総論」と個別の法律の「各論」からなる
- 攻略のキーワードは憲法と同じ！「国民にちょっとだけ不利」

⬤ 行政法はいつ使うの？

　国民には職業選択の自由があるが、例えばカフェの営業をするには、行政の許可が必要。不許可の場合は、カフェ開業ができず、国民は許可を求めて戦うことになる。

　この一連の出来事すべてに、行政法が絡んでくる。

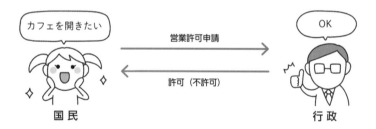

行政法総論 ▶行政法を解釈するための理論

- **行政行為（P46）** 行政の仕事のメイン（特別なパワーがある）

- **行政立法・行政計画（P50）** 行政が作るルール

- **義務履行確保の方法（P52）** 行政が国民にかけるプレッシャー

行政法各論

● **行政手続法（P54）**

　行政の取る手続。行政処分や行政指導

● **行政不服申立て（P56）**

　不服がある者が監督官庁に申し立てる制度

● **行政事件訴訟法（P58）**

　不服がある者が裁判所に訴える制度

● **国家賠償法（P64）**

攻略のコツ

◉ なじみがなく理解しづらい科目。行政不服申立てや、行政事件訴訟法は具体例を覚えると、理解しやすい

◉ 大原則「行政による法律の原理」

・ 巨大権力を持つ行政を暴走させないよう、ブレーキになるのが法律。行政は法律を守って仕事をしなければならない

◉ 「人権配慮」と「効率」が行政法のコア

・ 国民を守ることを優先しすぎると、行政のスピードが落ちてしまう。「多少国民に不利」な結論を選ぶと、正解になる

01 行政法
行政行為

> 行政行為にミスがあっても、軽いミスならそのまま無視！

1. 行政行為

行政庁が法律にそって①特定の人に対して、②一方的にする、③法規制をともなう、④個別・具体的な処分のこと。

> 「行政行為」と「(行政)処分」は同じ意味だよ

2. 行政行為の種類

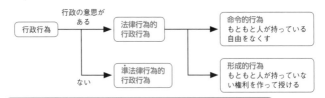

行政の意思が入っている法律行為的行政行為には、①附款(サブ的な決まり)をつけることがあり、②行政には、法律行為的行政行為をするかしないかの裁量があるよ

<法律行為的行政行為>

命令的行為	下命	作為(〜しろ)を命じること	例:違法建築の除却命令
	禁止	不作為(〜するな)を命じること	例:営業禁止
	許可	不作為義務をなくすこと(〜してもいい)	例:自動車の運転免許
	免除	作為義務をなくすこと(〜しなくてもいい)	例:児童の就学義務の免除
形成的行為	特許	新たに権利を作り、権利を授けること	例:道路占有の許可
	認可	第三者の行為を補充・完成させること	例:運賃の値上げへの認可
	代理	代わりに行うこと	例:市長の仕事を副市長が代わりにする

<準法律行為的行政行為>

確認	事実のある・なしを認めること	例:建築確認
公証	事実のある・なしを公に証明すること	例:選挙人名簿への登録
通知	人に知らせること	例:公示
受理	有効なものとして受け取ること	例:届出の受領

3. 行政行為の効力

行政行為には特別なパワーがある。

拘束力	行政処分には必ず従わなければならない
公定力	行政処分に瑕疵（ミス）があり違法でも、重大かつ明白な瑕疵でなければ、取り消されるまで有効（＝瑕疵は無視する）
不可争力	ある日数が経過すると、行政行為の相手方（私人）からその行政行為が間違っていると争うことができなくなる
不可変更力	行政行為をしたら、行政みずから取り消すことができなくなる。審査請求に対する裁決など、裁判のような性質のある行政行為に備わる力
自力執行力	行政行為に国民が従わないとき、法律に基づいて行政みずからそれを実現する（例えば、税金を払わない人に取り立てをする）

「○○力」は紛らわしいので、言葉と意味を入れ換えた問題が出されやすいよ

4. 行政裁量

行政裁量とは、行政に委ねられた判断の余地のこと。行政は法律に書かれている通りに仕事をする。ただ、細々としたすべてを事前に法律で決めておくことはできない。

そこで、法律で行政の枠（判断の余地）を決め、その枠内で独自に選べるようにすることで、行政は複雑で多様な問題に柔軟に対応できる。行政がこの枠からはみ出ると、権限濫用・踰越となる。

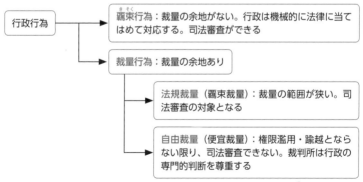

行政行為

羈束行為：裁量の余地がない。行政は機械的に法律に当てはめて対応する。司法審査ができる

裁量行為：裁量の余地あり

法規裁量（羈束裁量）：裁量の範囲が狭い。司法審査の対象となる

自由裁量（便宜裁量）：権限濫用・踰越とならない限り、司法審査できない。裁判所は行政の専門的判断を尊重する

権限濫用・踰越は、取消訴訟と一緒に覚えると理解しやすいよ

5. 行政行為の附款

　行政行為の効果を制限したり、特別な義務を課したりするために、メインの行政行為にサブ的につける行政の意思表示。

法律行為的行政行為（メイン）　＋　附款（サブ）　←　附款をつけるかは、行政の自由

<附款の種類>

条件 （将来起こることが不確実）	附款に書かれたことが起こると、行政行為の効果が発生するもの（停止条件）と消滅するもの（解除条件）がある 例：道路工事　工事が始まったら、道路の通行を禁止（停止条件） 　　　　　　　工事が終わったら、通行禁止を解除（解除条件）
期限 （将来起こることが確実）	始期がくれば効果が発生し、終期がくれば効果が消滅する 例：運転免許証　令和〇〇年〇月〇〇日まで有効（終期）
負担	相手方に特別の義務を与えること 例：運転免許交付時のメガネ着用 ※相手方がこの負担に従わなくても、本体の運転免許の効力は失われない
撤回権の留保	許可を撤回する権利をつけて許可すること
法律効果の一部除外	行政行為の効果の一部を発生させないようにすること

6. 行政行為に瑕疵があるとき

　行政行為の公定力（P47）により、重大かつ明白な瑕疵（ミス）でない限り、ミスのある行政行為も「ミスがないもの」として扱われる。国民にとっては理不尽だが、行政行為を最初からやり直すと手間がかかる。
　そこでミスのある行政行為を維持したまま、ミスをなくす方法がある。

瑕疵の治癒	条件を満たしていないのに行政行為がなされたが、その後欠けていた条件が満たされたとき 例：招集手続にミスがあったが、結果的に全員が会議に出席した
違法行為の転換	本当は違法な行政行為だが、別の行政行為としてみると有効なとき 例：死者に対して行った土地買収処分を、相続人に対する処分とする
違法性の承継	連続して行われる行政行為A・Bがあるとき、A（先行行為）に違法性（瑕疵）があると認められると、連動してB（後行行為）も違法になるのか 先行行為　　　　　　後行行為 ❌ 安全認定 → 安全認定を前提とした建築確認　　別の行政行為ではあるけれど、こちらも無効になるの？ 重大かつ明白な瑕疵があり、無効 ①AとBが連続した一連の手続のとき→Bも違法になる（違法性の承継） ②AとBが別の目的を持ち、この2つに手段目的の関係がない→Bは違法にならない

7. 無効・取消・撤回

共通しているのは、「行政行為をなしにすること」。

行政行為がなされたとき、行政行為が		
	違法（軽い瑕疵）	取消：法律に反している・法律にはあっているけれど理不尽なものは取消できる。取り消すまで有効
適法	（瑕疵が重大で明白）	無効：重い法律違反があり、誰から見てもミスがあるとはっきりわかるときは、最初から効力なし
	その後に事情変更	撤回：最初にミスはなかったが、その後に事情の変更があったため、行政行為をなしにする

行政行為には公定力があるから、瑕疵が軽ければそのまま有効になるよ

＜取消と無効の比較＞

	取消	無効
瑕疵の程度	軽い	重大かつ明白
結果	（取消後）始めからなかったことになる	始めから何も起きない
公定力・不可争力	あり	なし

＜取消と撤回の比較＞

	取消	撤回
原因	行政行為の成立時に瑕疵	行政行為の成立後事情の変更
取消・撤回ができる人	①行政行為をした処分庁、その監督庁 ②行政不服審査の審査庁、裁判になったときの裁判所	原則、その行政行為をした処分庁
結果	行政行為をしたときに戻って、最初からなかったことになる	撤回したときから、将来に向かってなしになる
制限	国民が不利になるときは、取消・撤回が制限される	

一度、行政行為がされると、国民はそれを信頼するから、後に行政行為をなくすことが制限されるときもあるんだ

02 行政法
行政立法・行政計画

> 行政は法律の範囲内で、ルールを作り、目標を立てるよ

1. 行政立法

行政権が作るルール。複雑で専門的な行政のルールを国会が作るのは難しいため、行政に任されている。

＜行政立法の種類＞

> 委任命令には、ひとつひとつ具体的な法律の委任が必要。白紙委任（丸投げ）は許されないよ

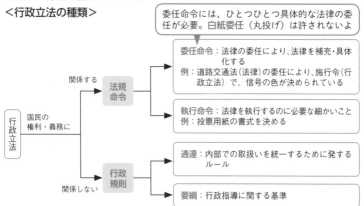

行政立法 ── 国民の権利・義務に

- 関係する → 法規命令
  - 委任命令：法律の委任により、法律を補充・具体化する
    例：道路交通法（法律）の委任により、施行令（行政立法）で、信号の色が決められている
  - 執行命令：法律を執行するのに必要な細かいこと
    例：投票用紙の書式を決める
- 関係しない → 行政規則
  - 通達：内部での取扱いを統一するために発するルール
  - 要綱：行政指導に関する基準

2. 行政計画

行政が行政活動を行うときに、公の目的のために目標を作り、その目標達成のための方法を示すこと。例：都市計画の河川整備

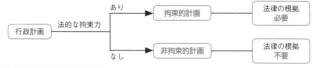

行政計画 ── 法的な拘束力
- あり → 拘束的計画 → 法律の根拠 必要
- なし → 非拘束的計画 → 法律の根拠 不要

＜行政計画に関する判例＞

土地区画整理事業計画（行政計画）の決定	区画整理計画内の土地所有者が、計画決定の違法を主張し取消訴訟を起こした事件。これまでの判例は「計画の段階では処分性がない」として取消訴訟を認めなかったが、この裁判で処分性が認められた

> 「処分性」は行政事件訴訟法（P60）で出てくる重要な用語だよ

03 行政法

> 行政文書の開示のしかた
> をチェック

情報公開法

1. 情報公開法

国民主権のため、政府の説明責任を果たし、国民に開かれた行政を目指して作られた法律（1条）。行政文書の開示の手続が書かれている。

> 「知る権利」という言葉は
> 使われていない点に注意

<行政文書の開示方法>

開示請求先	国の行政機関 国会・裁判所・地方公共団体は対象にならない	2条1項
開示してもらえる行政文書	行政機関の職員が職務上作成した文書で、その職員が組織的に使うものとして保有しているもの	2条2項
開示を請求できる人	誰でもできる 外国に住む日本人、外国人でもOK	3条
開示してもらえない情報	①個人情報　②法人情報 ③国の安全等に関する情報　④公共の安全等に関する情報 ⑤審議・検討情報　⑥事務・事業情報	5条

<行政文書開示のポイント>

①開示請求には、自分の権利利益を保護するためという理由が必要か？	不要 開示を請求するときに、理由や目的を示す必要はない。商業利用も可	4条
②不開示情報が記載されている文書は？	原則開示できないが、公益上必要と国が認めるときは、開示できる	7条
③文書の一部に不開示情報がある場合は？	その部分を簡単に区別できるときは、それを除いて開示する	6条
④文章のある・なしを答えるだけで不開示情報を開示したと同じような結果になるときは？	文書の存在を明らかにしないで開示請求を拒否できる	8条
⑤請求から開示の決定までの期限は？	請求から30日以内	10条

> ④は病院のカルテなどを想定しているよ。カルテの有無を答えてしまうと、そこに通院履歴があるかがわかってしまうね

04 行政法
義務履行確保の方法

> 似た用語が出てくるので要注意

1. 行政上の強制手段

行政が課した義務に国民が従わないとき、行政が行う働きかけ。

①行政上の義務が果たされた状態を行政が強制的に自力で作り出す強制執行、②義務を果たさなかったことに対する制裁の手段（行政罰）がある。

<強制手段の全体像>

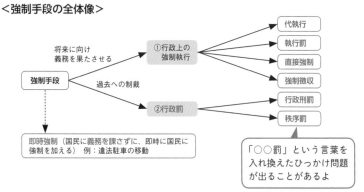

将来に向け義務を果たさせる → ①行政上の強制執行 → 代執行／執行罰／直接強制／強制徴収

過去への制裁 → ②行政罰 → 行政刑罰／秩序罰

強制手段

即時強制（国民に義務を課さずに、即時に国民に強制を加える）　例：違法駐車の移動

> 「○○罰」という言葉を入れ換えたひっかけ問題が出ることがあるよ

2. 代執行（行政代執行法）

他人が代わりにできる作為義務が果たされないとき、他人が代わりに行って、その費用を徴収する強制執行。

<代執行の条件（2条）>

A　法律により命ぜられたか、法律に基づき行政により命ぜられたことが、まだ行われていない
B　代替的作為義務（他人が代わりにできること）
C　他の手段では容易に対応できない、今のまま放置することが著しく公益に反するとき

<代執行の手順>

> 国税徴収法に規定する滞納処分の例による

①文書で戒告
期限までに行わないと代執行すると知らせる
→
②代執行令書の通知
期限までに行われないとき、代執行の日時・責任者を知らせる
→
③代執行の実施
代わりに行う
→
④徴収
代執行の費用を請求

3. その他の強制執行

執行罰	他人が代わりにできない義務（非代替的作為義務）や、逆にしてはいけない行為（不作為義務）が果たされないときに課される 期限までに従わないとき、行政が「過料を科す」と予告して心理的圧迫を加え、義務を果たすように仕向け、間接的に義務の履行を強制する制度（レンタルショップの延滞料に近い） 義務が果たされるまで過料は積みあがっていき、払わなければ、国税徴収法により強制徴収される。現在は、砂防法にだけ存在する
直接強制	行政上の義務を履行しないときに、行政が身体・財産に直接実力行使する
強制徴収	税金など金銭の支払がないとき、行政が財産を差し押さえて徴収する

4. 行政罰

過去の義務違反に対する制裁のこと。

	行政刑罰	秩序罰
意味	刑法に書かれている刑罰（懲役、科料など）による制裁。重い義務違反（例：無免許運転）があるとき	行政上の秩序維持のために科される、軽微な義務違反（例：期間を過ぎてから届け出る）に対する制裁（過料）
法律の根拠	必要	必要
刑法総則の適用	原則：○ 例外：大量に発生する比較的軽微なもの	×
罰を科す機関	裁判所	・国の法律違反のとき： 　裁判所（非訟事件手続法による） ・地方の条例違反のとき： 　地方公共団体の長

> 刑罰と秩序罰は目的が違うから、同時に科すこともできるよ

5. 即時強制

義務を命じる時間がないときに、国民に義務を課さずに強制を加えること。

例：違法駐車の車をレッカー移動する

05 行政法
行政手続法

> 手続の方法を公表することで行政の仕事がスムーズに行えるよ

1. 行政手続法

　行政が仕事をするうえでの一般的な手続が書かれている法律。国民が行政と関わるときにも使われる。行政の公正さを確保し、透明性を図る目的がある。①処分、②行政指導、③届出、④命令等の制定手続が書かれている。

2. 申請に対する処分

　許可や認可などを求められたときの応答。例：カフェの営業許可の申請

審査基準	定める。支障があるときを除き、原則公にする	5条
標準処理期間	設定は努力義務、設定したら公にする必要あり	6条
申請に対する審査・応答	行政は申請を受けたら、遅滞なく審査を始め、速やかに処理する必要がある	7条
理由の提示	申請を拒否するときは、同時に理由を示す必要がある。書面で拒否処分をするときは、理由も書面で	8条

> 理由は、なぜ拒否されたのかがわかる程度に、具体的に書く必要があるよ

3. 不利益処分

　法令に基づいて、特定の人に直接義務を課し、権利を制限すること。

処分基準	定めるように努める。公にするよう努める	12条
理由の提示	不利益処分と同時に理由を示す必要あり	14条

<不利益処分をする場合の手続>

●重大な不利益処分の場合（例：営業許可の取消）…聴聞手続（口頭）

- 聴聞には、主宰者（行政が指名する職員）、不利益処分を受けそうな当事者、行政が参加。不利益処分に利害関係がある参加人も同席できる
- 当事者などは、事案に関する文書の閲覧ができる
- 原則、審理は非公開。当事者は審理に出頭しないで陳述書を提出することも可能
- 聴聞が終わったら、主宰者は聴聞調書や報告書を行政に提出する
- 行政は主宰者の意見を十分に考慮して処分をするかしないかを決める

●それ以外の場合（例：営業停止）…弁明の機会の付与（書面）

- 原則、弁明書の提出により行う

4. 行政指導

　目的を達成するために、業務の範囲内で行政が国民にする指導、助言のこと（2条6号）。法律の根拠なくできるため、行政処分ではなく、国民は従わなくてもよい。公権力の行使だから、国家賠償の対象にはなる。

<行政指導のポイント>

国民が行政指導に従わないときは？	指導に従うかはあくまで任意。指導に従わなくても行政は国民を不利益に取り扱ってはいけない	32条
行政指導で申請内容の変更を求めた。国民は従う意思がないと表明したときは？	行政指導をさらに続けて国民の権利を妨害してはいけない	33条
行政指導を行うときの注意点は？	行政指導の趣旨、内容、責任者を明確に示す必要あり	35条
口頭で行政指導はできる？	できる。ただ、国民から書面を求められたときは、交付する必要あり	35条
複数の人に行政指導をするときは？	行政指導指針（同じ目的のため、複数の者に行政指導するときの共通事項）を定めて公表しなければならない	36条
行政指導が違法なときは？	行政指導の相手方は、中止を求めることができる	36条の2
法令違反が起きているのに、処分などがされていないときは？	国民が処分などを求めることができる	36条の3

　行政指導は法律の根拠がなくてもできるから、国民のニーズに柔軟に対応ができるけれど、その根拠が不透明になってしまう。行政指導の方式を法律で決めておくことで、人権侵害を防いでいるんだよ

5. 命令等の制定手続（意見公募手続）

　命令・規則などを作るときに、広く国民の意見を聞く手続。パブリックコメント。

<意見公募手続>

- 命令等に利害関係がない人も意見が言える。外国人や外国政府でもOK
- 意見提出期間は原則30日以上

06 行政法

> 行政処分に不満があるとき、裁判、不服申立てのいずれかを起こせるよ

行政不服申立て

1. 行政不服申立て（行政不服審査法）

行政の違法・不当な処分に不満のある者が、行政に対して不服を申し立てる制度。目的は、裁判よりも手軽な手続で国民の権利を守ること。ただ、行政という身内が再度審査するため、状況が改善されにくいというデメリットも。

> 行政の処分に不満があるときは、不服申立てをしてもいいし、裁判を求めることもできるよ（原則、自由選択主義）

<不服申立ての種類>

原則	審査請求	行政の処分・不作為に対してする不服申立手続。審査請求すべき審査庁が決まっている
個別法で認められているときにできる	再調査の請求	不満のある処分をした行政（処分庁）が簡易な手続で再調査する
	再審査請求	審査請求の結果（裁決）にさらに不満がある者が、不服を申し立てる手続

2. 不服申立てを請求できる期間

この期間を過ぎて不服申立てをしても受け付けてもらえない。

審査請求	①処分があったことを知った日の翌日から3か月以内	正当な理由があれば、この期間が過ぎても受け付けてもらえる
再調査の請求	②処分があった日の翌日から1年以内	
再審査請求	①原裁決があったことを知った日の翌日から1か月以内 ②原裁決があった日の翌日から起算して1年以内	

3. 不服申立ての結果

審査請求・再審査請求に対する結果	裁決
再調査の請求に対する結果	決定

4. 審査請求の審理の流れ

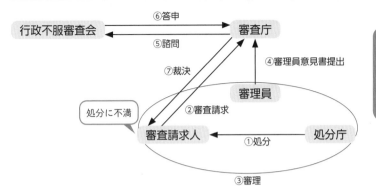

- 審査請求をするときは、審査請求書を提出する。他の法律に口頭でもよいと書かれているときは、口頭でもできる（19条）
- 審査請求されたら、審査庁は審理員を指名する（9条）
- 審査請求人が申立てをしたら、審理員は審査請求人に口頭で意見を述べる機会を与える（31条）
- 審査請求人は、提出書類を見せてもらうか、書類の写しを求めることができる（38条）
- 審査庁は、審理員から審理員意見書を受け取ったら、原則行政不服審査会に諮問する（43条）
- 行政不服審査会は、必要な調査をすることができる（74条）

5. 教示

　国民が処分に不満を持っていても、不服申立制度を知らなければ泣き寝入りするしかない。そこで、処分するときに行政が国民に不服申立手続を教えるという教示制度がある。

　もし、行政が間違えて教示してしまったときはどうなるのか？

<行政が教示を間違えてしまったときの解決策>

そもそも教示をしなかったら？	処分庁に審査請求できる
教示内容が間違っていたら？	間違った教示に従って、間違った行政庁に審査請求したときは、正しい行政庁に審査請求書が送付される

07 行政法
行政事件訴訟法

訴訟の名前と内容を頭に入れよう！

1. 訴訟（裁判）の種類

　行政により国民が不利益を受けたとき、国民はその不利益を取り除くために裁判を起こす。目的に合わせて、訴えの種類を選ぶことができる。

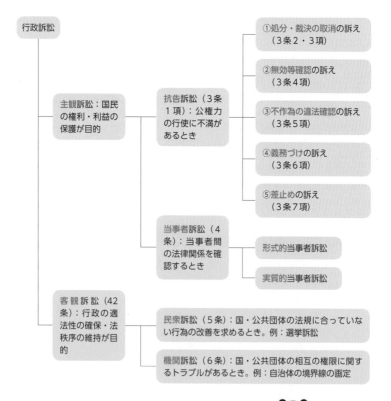

行政訴訟

主観訴訟：国民の権利・利益の保護が目的

　抗告訴訟（3条1項）：公権力の行使に不満があるとき
- ①処分・裁決の取消の訴え（3条2・3項）
- ②無効等確認の訴え（3条4項）
- ③不作為の違法確認の訴え（3条5項）
- ④義務づけの訴え（3条6項）
- ⑤差止めの訴え（3条7項）

　当事者訴訟（4条）：当事者間の法律関係を確認するとき
- 形式的当事者訴訟
- 実質的当事者訴訟

客観訴訟（42条）：行政の適法性の確保・法秩序の維持が目的
- 民衆訴訟（5条）：国・公共団体の法規に合っていない行為の改善を求めるとき。例：選挙訴訟
- 機関訴訟（6条）：国・公共団体の相互の権限に関するトラブルがあるとき。例：自治体の境界線の画定

取消の訴えを中心に勉強するといいよ

①処分取消の訴え、裁決取消の訴え

- 行政処分そのもの、または審査請求の裁決を取り消すための訴訟
- 行政処分には公定力（P47）がある。公定力を壊して処分を違法とし取り消すためには、処分取消の訴えを行う→これが抗告訴訟の中心
- 審査請求の結果に不満がある場合は、裁決取消の訴えを行う
- 処分を取り消すか、裁決を取り消すかは、原則国民が選べる
- 行政処分と裁決を取り消せるとき、原処分の違法性は処分取消の訴えでしか主張はできない（原処分主義10条2項）

②無効等確認の訴え

- 行政処分の無効を確認する訴え
- 行政処分に重大かつ明白な瑕疵があれば公定力・不可争力はなく無効。そこで無効の確認を得る必要があるときにする。出訴期間（裁判を起こす期限）はない

③不作為の違法確認の訴え

- 法令に基づき申請をしたのに、行政がある程度の期間申請を放置しているとき、その状態を違法だと確認する訴え
- 拒否処分をされないよう、義務づけの訴えを合わせると効果的

④義務づけの訴え（A直接型、B申請型の2タイプ）

A：直接型義務づけの訴え
- 国民に申請権がなく、行政がすべき処分をしないとき、「行政が処分すべき」と裁判所に命じてもらうための訴え
- 処分がされないことで重大な損害を受けるおそれがあり、損害を避けるために他に方法がないときにする

B：申請型義務づけの訴え
- 行政に申請をした者が、申請に対する処分を求めるための訴え
- 申請拒否されたとき（拒否処分を取り消す訴えと一緒に起こす）、申請に応答がないとき（不作為の違法確認の訴えと一緒に起こす）の2タイプがある

> 申請型義務づけの訴えは、申請した人しかできないので注意

⑤差止めの訴え

- 行政処分するべきではないのに、処分がなされようとしているとき、行政の行為の禁止を求める訴え
- 重大な損害を避けるため、他に方法がないときにする

> 償うことのできない損害を避ける目的があれば、仮の義務づけ、仮の差止めの申立てをすることもできるよ

2. 訴訟要件

　訴訟を起こすために必要な条件。裁判所が忙しすぎてパンクしないよう、この条件を満たしたものだけが裁判になる。訴訟要件が足りないと門前払い（却下）されるが、訴訟要件を備えれば再チャレンジできる。

　以下では、取消訴訟をクローズアップして解説する。

＜訴訟要件＞

①処分性、②原告適格、③訴えの利益、④被告適格、⑤出訴期間、⑥不服申立前置、⑦管轄裁判所

①処分性があること

　行政の処分、公権力の行使であること（3条2項）。特定の国民の権利・義務を直接変動させる法的な効果があるもの。

＜原則、処分性がないもの＞

国民に影響はあるが、法的効果がないもの	行政指導	行政の指導・勧告は国民に義務を課さない
	通達	行政の内部の連絡で、国民に直接効果がない
	条例を定めること	特定の人に直接影響がない
まだ裁判をするまでもないもの	行政計画	後に行われる行政行為を対象に裁判をするべき

例外あり

例外にひっかからないようにね

＜例外的に、処分性があるとした判例＞

病院開設中止勧告（行政指導）	病院開設の中止を勧告されたうえで病院を開くと、健康保険の医療機関指定を受けられず、結局、病院経営は成り立たない。中止勧告により病院は直接の影響を受ける
保育所廃止を定める条例	条例により、他の行政処分なく保育所が廃止され、入所中の児童という限られた者に対して影響があり、行政処分と同じと考えられる
土地区画整理事業計画の決定	計画により、土地所有者の権利を変動させるので、法的効果がある

②原告適格

裁判の主役(原告)になるのにふさわしいか。法律上保護された利益を持っているかどうか(法律上の利益を有する者〈9条〉)が決め手。

| 法律上保護された利益 | | 処分のよりどころになった法律が、原告の利益を保護していると読み取れるか |

反射的利益(間接的な利益)があるだけでは、原告適格は認められないよ

<原告適格が争われた判例>

取消を求める処分	原告になりたい者	原告適格はあるか
銭湯の新規営業許可	既存の銭湯業者	ある
保安林指定解除	生活利益を受ける者	ある
ジュースの表示認定	一般消費者	ない
特急料金改定の認可	特急の利用者	ない
史跡指定解除	史跡研究者	ない

③訴えの利益

訴える意味があるか。訴えを起こした後に事情が変更し、訴えをする必要がなくなる場合もある。

<訴えの利益が争われた判例>

取消を求める処分	訴え提起後の事情	訴えの利益はあるか
皇居外苑使用の不許可	期日(メーデー)が過ぎた	ない
運転免許の停止	停止処分後、無違反で1年経過	ない
運転免許の取消	免許の有効期間が過ぎた	ある

④その他の訴訟要件

被告適格	誰が被告となるべきか。原則、国・公共団体
出訴期間	処分があったことを知った日から6か月以内。処分の日から1年を過ぎると訴えを提起できない。正当な理由があれば、期間が過ぎても受け付けてもらえる(14条1項・2項)

　裁判を起こしても、処分は止まらない。（執行不停止の原則）（25条1項）。むやみに裁判が起こされることで、行政が止まるのを防ぐためだ。ただ、申し立てがあれば、例外的に執行停止が認められ処分が止まることがある。

＜原則＞

| 執行不停止 | 裁判が起きても、処分は止まらない |

＜例外＞

| 執行停止 | 申立てがあり、重大な損害を避けるため緊急の必要があるときは、裁判所は執行停止できる |

＜例外の例外＞

| 執行不停止 | 内閣総理大臣の異議（27条）があると、執行停止できない＝処分は止まらない。内閣総理大臣は、異議には理由をつけ、国会で報告しなければならない |

　執行停止は、行政不服審査法（P56）にもある制度だよ。
　行政不服審査法では、職権でも執行停止ができるし、停止以外にその他の措置をすることもできるんだ。執行停止しなければならないときもあるよ。
　ただ、内閣総理大臣の異議の制度は、行政事件訴訟法にしかいないから注意してね

4. 判決の種類

判決の内容によって、判決の呼び名が変わる。

＜判決の種類＞

訴訟要件が1つでも足りない		却下判決（門前払い） 足りなかった訴訟要件を揃えれば、また裁判してもらえる
訴訟要件は足りている	請求に理由がある	認容判決（原告の勝ち） 処分を取り消してもらえる
	請求に理由がない	棄却判決（原告の負け） 処分はそのまま
	処分は違法だが、取り消すと社会が混乱するので請求を棄却する	事情判決 裁判所は処分が違法だと宣言するが、処分はそのまま

5. 判決の持つ力

＜認容判決の持つ力＞

既判力 _{き はんりょく}	裁判の当事者同士は同じ事件でもう一度争うことができなくなる。トラブルの蒸し返しを防ぐため
形成力	取消判決により処分が最初からなかったことになる
拘束力	行政は判決に拘束され、同じ条件で同じ処分をもう一度することはできなくなる。行政は取消判決の趣旨にそった処分をしなければならない

似たような単語が出てきたら、ひっかけ問題に要注意

08 行政法
国家賠償法

> 国が国民に違法な損害を与える
> と、国民は償ってもらえるよ

1. 国家賠償法

　国が国民に与えた損害をお金で償うときのルール。1条は公務員の仕事に関して、2条は公の物に関するもの。

2. 1条

　国などの公権力を行使する公務員が、職務中に故意（わざと）・過失（うっかり）により違法に他人に損害を与えたとき、国が責任を肩代わりし、お金で償う。損害を与えた公務員は被害者に対して直接責任を負わない。

　その公務員に故意または重過失があったときは、国は求償を求める。

＜1条のポイント＞

①公権力とは

公権力は広く考えよう。公立学校の体育の授業もその一つだよ

②公務員とは

公務員 ＝ 公務員の身分を持つ者 ＋ 公権力の行使を委託された民間人

公務員の身分を持たない民間人も含まれるよ

③職務中とは

客観的に見て、職務を行っていると見えるかどうか。

非番の警察官が制服を着て、職務質問に見せかけて強盗殺人をした事件で、裁判所は職務中だと判断したよ

3. 2条

公の営造物の設置・管理に瑕疵があり、損害が起きたとき。

＜2条のポイント＞

公の営造物	国民のもの。道路、川、不動産、けん銃などの動産が挙げられる
設置・管理の瑕疵	通常有すべき安全性を欠いていること これによる賠償責任は、無過失責任

＜2条に関する判例＞

営造物	問題となった事案	行政は 責任を負うか
テニスの審判台	審判台の後部から降りようとして、幼児が転倒・死亡	負わない
道路	自動車で道路を走行中、防護柵がなく岩が落下して死亡	負う
	87時間国道に放置された故障車に、バイクが追突し死亡	負う

予算の制約がある中、川と道路では、裁判所の考え方は異なっているよ。川は最初から自然のもの、道路は国が作ったもの。国の責任の大きさは違ってくるね

4. 3条

公務員を選任監督する者と給与を支払う者が異なるとき、被害者はどちらに対しても賠償を請求できる。国民を手厚く守る目的がある。内部で求償ができる。

5. 6条

外国人が被害者になったときは、相互保証があるときにその外国人も救済される。
相互保証とは、その外国人の本国で、日本国民が賠償を受けられるのであれば、その外国人にも賠償がなされるというもの。

( )に当てはまる言葉を答えよう

問　題	答
1 行政庁が（　）の人に対して、一方的にする、法規制を伴う、個別・具体的な処分のことを行政行為という。	特定
2 行政行為の種類として、もともと人が持っている自由をなくすものを（　）行為という。	命令的
3 法律行為的行政行為には、サブ的な決まりである（　）をつけることができる。	附款
4 特許は（　）行為に分類される。	形成的
5 行政処分に必ず従わなければならないという力を（　）という。	拘束力
6 行政処分に（　）な瑕疵があれば、行政処分は無効となる。	重大かつ明白
7 一度行政行為をすると、行政みずから取り消すことができなくなる力を（　）という。	不可変更力
8 （　）とは、条件を満たしていないのに行政行為が行われたが、その後欠けていた条件が満たされることである。	瑕疵の治癒
9 本来は違法な行政行為だが、別の行政行為としてみると有効であるというものを（　）という。	違法行為の転換
10 最初は行政行為にミスはなかったが、その後の事情の変更により、行政行為をなしにすることを（　）という。	撤回
11 国民の権利義務に関係する行政立法を（　）、関係しないものを行政規則という。	法規命令
12 （　）とは行政内部での取扱いを統一するために発するルール。	通達
13 情報公開法では、知る権利という言葉は使われて（　）。	いない
14 行政文書の開示は（　）に請求する。	国の行政機関
15 外国人による行政文書の開示請求は（　）。	可能

	問　題	答
16	他人が代わりにできる作為義務が果たされないとき、他人が代わりに行って費用を徴収することを(　)という。	代執行
17	代執行の費用徴収は、(　)の例による。	国税滞納処分
18	執行罰とは、(　)的に義務の履行を強制する制度。	間接
19	義務を命じる時間がないときに、国民に義務を課さずに強制を加えることを(　)という。	即時強制
20	行政指導は、法律の根拠(　)できる。	なく
21	口頭での行政指導は認められて(　)。	いる
22	(　)は、命令等に利害関係がない人でも意見を言うことができる。	意見公募手続
23	行政に不服を申立てるときは、原則(　)をする。	審査請求
24	(　)に対して出される結果は、決定という。	再調査の請求
25	国・公共機関相互の権限に関するトラブルがあるときは(　)訴訟を行う。	機関
26	病院開設中止勧告判例では、行政指導の処分性が例外的に(　)。	認められた
27	申請型義務づけの訴えは、(　)人だけができる。	申請をした
28	特急料金の認可に関する裁判で、特急の利用者には原告適格は(　)。	認められなかった
29	行政が間違って教示したときの規定は、(　)にだけある。	行政不服審査法
30	国家賠償で、公務員に故意または(　)があったとき、国は求償を求めることができる。	重過失

民法のかんどころ

重要度 ✵✵✵✵✵
難 度 ✵✵✵✵✵

民法のポイント

● 国民同士の日常的なトラブルを解決するためのルール
● 大きく分けて、財産法(総則、物権、債権)と家族法からなる
● 条文で対応しきれない箇所には「一般条項」で補う
● とにかく条文が多いので、早く取りかかるのがコツ。よく出る範囲は限られる

◯ 総則…民法すべてに関わる基本事項

能力 (P70) …
民法を使うのは誰?
意思表示 (P72) …
うそや間違いで契約したときは?
代理 (P74) …本人の代わりを頼むときは?
時効 (P76) …時間が経つと、間違いも正しくなる?

> 総則は、物権、債権、家族法みんなに影響するで

物権…物を支配する権利

物権変動 (P77) …権利争いに勝つ条件とは?
所有権 (P78) …物を自由に使い、利益を得る・処分する権利
担保物権 (P79) …約束を確実に守ってもらうために、保険として確保しておく物

> 大阪城は私の持ちモン

> 太閤さんのやで。2人も持ち主はおらん!

債権…特定の人に、ある行為を するよう請求する権利

- 債務不履行・解除（P82）… 約束を守ってくれないとき

- 契約総論（P84）… 不測のトラブルでは契約はどうなる？

- 弁済・相殺（P86）…約束を守ること

- 当事者の多い契約（P87）… 登場人物が複数いるときの法律関係

- 売買（P88）…物と代金の交換契約

- 賃貸借契約（P89）… 賃料を払って物を借り、後で返す契約

- 不法行為（P90）… 誰かを傷つけたときの賠償

家族法…結婚や相続に関する法律

家族（P92）… いつでも誰とでも結婚できる？

相続（P94）… 死者の財産の行方は？

私が死んだら、大阪城はお前と弟で半分こや！

嘘つきは泥棒の始まり

一般条項… 民法の原則

個別の条文でカバーしきれないときに使う

1．信義則（信義誠実の原則）

相手を裏切ったらアカン。誠実に生きるのが一番

2．私的自治の原則

自分のことは自分で決める。契約するもしないも自由や

攻略のコツ

◎ とにかく対策を始める
- 民法は全部で1050条以上もあり範囲が広い。早めに対策を始めよう

◎ 事例問題は事実関係を図で表す
- 具体的なトラブルの処理を問われることが多い。事例問題が出たら、関係性を図で表すとスッキリ理解しやすい

◎ 誰もが反対しない解決策を選ぶ
- 民法は私達の感覚に近い法律。答えに迷ったら、誰もが反対しない「座りの良い選択肢」を選ぼう

01 民法

リアル人生ゲームの参加資格

能力

1. 能力とは

民法は人の暮らしに密着したルール。日常でのトラブルを防ぐため、1人で問題なく行動できるかどうかをチェックする方法が民法に書かれている。

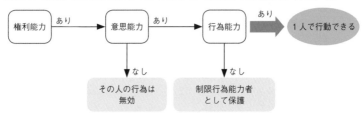

<権利能力（3条）>

権利・義務を得ることができる力。

<出生の定義>

原則	全部露出説	母体から胎児が全部出ること→胎児には権利能力がない
例外	胎児に権利能力を認める	①不法行為に基づく損害賠償請求（721条） ②相続（886条） ③遺贈（965条）

刑法（P104）では、「母体から胎児が一部でも出る」と「人」だよ

<意思能力（3条の2）>

正しく判断する力。意思能力のない人がした行為は、無効となる。

例：泥酔している人→意思能力がない

<行為能力（4条〜）>

自分1人で問題なく法律行為ができる力。ただ、行為能力があるかどうかは、外見からわからない場合も多い。そのような人を守り、トラブルを予防するために制限行為能力者制度がある。

2. 制限行為能力者制度

　ある特徴を持つ人々を制限行為能力者とし、1人でできる法律行為を制限する。制限行為能力者には保護者をつけ、制限能力者をトラブルから守る。
　保護者には、同意権・追認権・代理権・取消権がある。

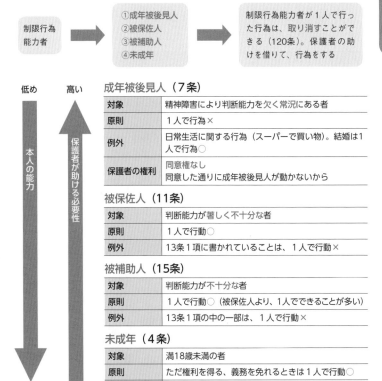

制限行為能力者 → ①成年被後見人 ②被保佐人 ③被補助人 ④未成年 → 制限行為能力者が1人で行った行為は、取り消すことができる（120条）。保護者の助けを借りて、行為をする

民法

能力

低め　高い
本人の能力
保護者が助ける必要性
高め　低い

成年被後見人（7条）

対象	精神障害により判断能力を欠く常況にある者
原則	1人で行為×
例外	日常生活に関する行為（スーパーで買い物）。結婚は1人で行為○
保護者の権利	同意権なし　同意した通りに成年被後見人が動かないから

被保佐人（11条）

対象	判断能力が著しく不十分な者
原則	1人で行動○
例外	13条1項に書かれていることは、1人で行動×

被補助人（15条）

対象	判断能力が不十分な者
原則	1人で行動○（被保佐人より、1人でできることが多い）
例外	13条1項の中の一部は、1人で行動×

未成年（4条）

対象	満18歳未満の者
原則	ただ権利を得る、義務を免れるときは1人で行動○
例外	1人で行動×

3. 詐術

　制限行為能力者が詐術(騙すこと)をして行為をしたときは、取り消すことができない(21条)。自分が制限行為能力者だと黙秘していたときは、詐術ではない。

うそや間違いで成立した
契約はどうなるの？

意思表示

1. 意思表示

　2人の意思がかみ合うと契約が成立する。では、本人が言い間違いをしたときや騙されたときは、契約を問題なく成立させていいのか？

2. 心裡留保（93条）

本心ではないとわかっていながら相手にうそを言うこと。

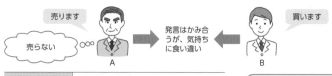

原則	売買契約は有効
例外	Bに悪意または過失があれば無効
BがC（第三者）に転売したとき	Cが善意なら、Aは無効を主張できない

BはAの発言を信頼するよね。だから売買契約が成立するのが原則だよ

3. 通謀虚偽表示（94条）

相手と口裏を合わせてうそをつくこと。

原則	売買契約は無効
例外	善意の第三者には無効を主張できない（上図でBが事情を知らないCに土地を売ったとき）

2人とも本心ではないことを言っているから、契約を無効にしても不利益はないね

このパートでよく出てくる善意とは「知らない」、悪意とは「知っている」という意味だよ

72

4. 錯誤（95条）

言い間違い、勘違いをして、そのまま相手に伝えてしまうこと。

例①：タクシーで目的地を間違えて言ってしまう

例②：動機に勘違いがある

原則①	常識に照らして重要な部分に錯誤があれば、取り消せる
原則②	動機に錯誤があり、その動機を相手に伝えていたときは取り消せる
例外	言った本人に重大な過失があれば、取り消すことはできない。 ただ、相手方も同じように間違えていたときや、相手が錯誤に気づいていたときは取り消せる
善意かつ無過失の第三者がいるとき	取消はできない

原則・例外のそれぞれの場合で、本人と相手方のどちらを守るべきか、バランスよく考えてみるといいよ

5. 詐欺（96条）

人を騙すこと。

原則	取り消せる
例外	①関係ない第三者に騙されて契約したときは、契約の相手方が事情を知っているか過失があるとき、取り消せる ②何も知らない過失のない第三者が出てきたら、取り消せない

03 民法

> 自分ができないときは、他の人に代わりにやってもらえるよ

代理

1. 代理 (99条)

代理人が本人の代わりにすること。代理人と相手方が契約の手続をするが、契約の結果は本人と相手方の間で発生する。

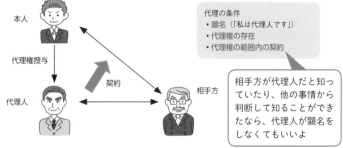

本人

代理権授与

代理人

契約

相手方

代理の条件
- 顕名 (「私は代理人です」)
- 代理権の存在
- 代理権の範囲内の契約

> 相手方が代理人だと知っていたり、他の事情から判断して知ることができたなら、代理人が顕名をしなくてもいいよ

<代理のバリエーション>

法定代理	法律により代理権を与えられる　例：親が未成年の子を代理
任意代理	本人が自分の意思で代理権を与える
復代理	代理人が自分の名で代理人を選んで、本人を代理させること。代理人の代理人ではない

<代理の問題点>

代理権の濫用 (107条)	代理権の濫用の意図を相手方が知っていた、知ることができたとき	
自己契約 (108条1項)	相手方の代理人となって、自分と契約を結ぶ	無権代理
双方代理 (108条1項)	契約の当事者双方の代理人となり契約を結ぶ	
利益相反行為 (108条2項)	代理人になると、本人に不利益を与える可能性があるとき。例：親がお金を借りるとき、未成年の子の不動産に抵当権をつける	

> 制限行為能力者も代理人になれるよ

2. 無権代理（113条〜）

代理権がないのに、代理人として振る舞うこと。原則、効力がない。

例：代理を頼まれていないのに、代理人として契約したとき

<無権代理が起きたときの対処法>

本人ができること	・相手方に追認（後からOKと認める） 　→契約時にさかのぼって契約は有効になる ・追認拒絶（追認しないと告げる）
相手方ができること	・本人に催告→本人が返事をしなければ、追認拒絶とみなされる ・相手方が代理人に代理権がないと知らなかったとき、取消できる ・代理人に代理権がないことに相手方が善意・無過失なら、代理人に契約の履行または損害賠償を請求できる ・表見代理の主張ができることもある

3. 表見代理

　無権代理ではあるが、周りから見て「代理人」に代理権があると見える事情があり、相手方が善意・無過失のときは、有効な代理となる。

①本人が代理人に代理権を与えていないのに、与えたと表示したとき（109条）
　例：本当は違うのに、本人が相手方に「彼は私の代理人」と話し、その人がその通りに行動する

②本人の与えた権限を越えて、代理人が契約したとき（110条）
　例：本人の家を誰かに貸すよう頼まれたのに、代理人が家を売ってしまう

③本人が以前に代理権を与えていたとき（今はない）（111条）
　例：前は代理人だったが、今はもう代理人ではないのに代理をする

> この場合は本人にも落ち度があるので、本人に責任を負わせるよ

04 民法

みんなが信じている
「現実」を守る制度だよ

時効

1. 時効

ある状態が長い間続いたときは、それが真実でなくても、その状態をそのまま正しいものとして認めること。

> 間違った状態でも、それが長く続いているなら、みんなが本当だと信じるから、あえて修正しないほうが平和だよね

<時効に共通するルール>

①当事者が時効を援用（主張）することが必要（145条）
　→時効のメリットを使いたくない人もいるから
②時効期間の開始時にさかのぼって効果が生じる（144条）
③時効を前もって放棄することはできない（146条）

2. 取得時効

長い間、他人の物を占有（自分の物とすること）すると、自分の物にできる。

<取得時効の条件>

所有の意思	自主占有（所有者として占有する気持ち）	
平穏かつ公然	その物を穏やかに、みんなにわかるように占有する	
占有する	時効期間がくるまで、占有を続けることが必要。ただ、最初と最後の時点で占有していれば、その間も占有していたと推定される（186条2項）	
期間	占有を始めたとき、他人の物だと	過失なく知らなかったとき→10年
		知っていたとき→20年

> 最初は他人の物だと知らないで、途中で気づいても、占有期間は10年で足りるよ

3. 消滅時効

長い間権利を主張しないと、権利が消えてしまう。ただ、所有権は消滅しない。

①債権者が権利行使できることを知ったときから5年間
②権利行使できるときから10年間（人の生命・身体の侵害による損害賠償請求権は20年間）
③債権または所有権以外の財産権は、権利行使できるときから20年間

05 民法

ライバル関係を制する方法に注目

物権変動

1. 物権

物を支配する権利。他人を介することなく自分1人で物を支配でき（直接性）、同じ物の上に同じ内容の物権は成立しない（排他性）。

2. 不動産物権変動

不動産（土地・建物）を2人に売ったときの買主の勝負の決め方。

例）土地の二重譲渡

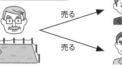

売る → 2人は同じ土地について
ライバル（対抗関係）

売る → 登記（不動産の戸籍のこと）で勝負を決める
（登記を先に得た者が勝ち）

<登記がなくてもライバルに勝てるとき>

ライバルの素性	その状況
背信的悪意者	登記がないと主張することが信義に反するような者。 例：最初の買主を陥れる目的でわざと邪魔をしようとする2番目の買主
不法占有者	その土地に権限なく居座っている者

3. 動産物権変動

動産（不動産以外のすべて）の引渡があると、第三者に対抗できる（178条）。

<引渡のバリエーション>

現実の引渡	実際に物を引き渡されること
簡易の引渡	借りた物を買う
占有改定	売った物を預かる
指図による占有移転	本人の代わりに占有している人がいて（例：倉庫業者）、本人が第三者のために占有するように命じると、本人ではなくその第三者が占有を得る

物を持っていても所有者ではないこともあり、トラブルになるかも。
そこで物を占有している無権利者を、本当の権利者だと信じて取引してしまった者を守る即時取得（192条）という制度があるよ（P78）

06 民法 所有権

> 物の持ち主としての
> 権利だよ

1. 所有権（206条）

物を自由に使い、その物から利益を得たり、処分したりできる権利。

> 所有権に似ている物権で、占有権というものもあるよ。
> 物を所持しているという状態を保護するためのものだよ

＜物権的請求権＞

物権を支配することが妨害されたり、またそのおそれがあるとき、妨害を取り除く請求ができる。

物権的妨害排除請求権	妨害を排除したいとき
物権的返還請求権	物の占有が奪われ、返還を請求するとき
物権的妨害予防請求権	将来妨害される可能性が高く、それを予防するとき

＜共有（249条）の場合＞

1つの物をみんなで所有する共有者は、その持分に応じて共有物の全部を使用できる。

	それを行うときの条件	具体例
保存（現状をそのまま維持）	各共有者が単独で決める	共有している物を補修する
管理（利用・改良する）	持分の価格の過半数で決める	賃貸借契約をする・解除する
変更（性質の変更・処分）	共有者全員の同意が必要	畑を宅地に変える

2. 即時取得（192条～）

権利のない人から動産を譲り受けたときでも、所有権を得ることができる。所有者だと信じて取引した人を守るため。　例：借り物の時計を、そうとは知らずに買ってしまったとき

＜即時取得の条件＞

動産であること	登録済みの自動車は即時取得できない
取引により取得	借りた物をそのまま持っていてもダメ
平穏・公然・善意・無過失で取得	ただ、186条により、これらは推定される
無権利者から取得	占有改定は除く

07 民法

担保物権

> 担保を設定することで、より多くのお金を借りられたりするね

1. 担保物権

契約が確実に守られるよう、債務者の財産に債権者に優先的な権利を認める。

<担保物権の種類>

	内容	分類
質権	借金返済があるまで、物を返さない	約定担保物権（当事者の合意により成立）
抵当権	借金の返済がないとき、債権者は担保を競売して、優先的に支払を受ける	
留置権	他人の物を占有する者がその物に関して生じた債権を持つとき、その支払を受けるまで物を留めておける	法定担保物権（当事者の意思ではなく、法律により当然発生）
先取特権	特殊な債権を持つ者が、優先的に支払を受けられる	

<担保物権に共通する特徴>

附従性	債権と担保物権の成立・消滅が連動する
随伴性	債権が移転すると、担保物権も一緒に移転する
不可分性	担保物権は債権全部の支払があるまで目的物全部の上に及ぶ
物上代位性	目的物の売却・滅失などで得た金銭（賃料など）に対しても担保物権は及ぶ

> 留置権には物上代位性がないよ

2. 質権（342条）

質権設定者は目的物を質権者に引き渡すことが必要。

<質権の種類と対抗要件>…目的物を何にするかにより、種類が変わる。

質権の種類	対抗要件	特徴
動産質	質物の占有の継続	占有を失うと、占有回収の訴えができる
不動産質	登記	質権設定者（目的物を引渡した人）はその不動産を使えなくなる
権利質	通知・承諾	金銭債権を質物にすること

　債権者がお金を貸すとき、債務者の土地・建物に抵当権をつける。（債務者以外の物に抵当権をつけた場合、その第三者が物上保証人となる）。

　債務者が借金を返せないときは、土地を競売にかけて、債権者はその代金から優先的に支払を受ける。

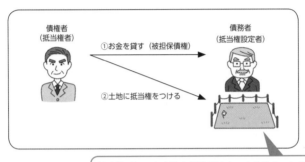

　抵当権がついた土地を債務者はそのまま使うことができる。
　土地を貸して賃料が入ったときは、債権者は賃料から優先弁済を受けられるよ

<抵当権の特徴>

抵当権をつけることができるもの	不動産、地上権、永小作権（369条）
対抗要件	登記（177条）
被担保債権がカバーする範囲	利息などは最後の2年分のみに及ぶ
抵当権が目的物に及ぶ範囲	不動産の付加一体物（庭石など取り外しできないもの）に及ぶ。抵当権をつけた当時に不動産に存在していた従物（建物の場合、建具や畳など）にも及ぶ
物上代位性	抵当権のついた不動産から生まれた金銭を債権者は得ることができる。差押することが必要
抵当権をつけた後	抵当権が実行されるまで、債務者は抵当権のついた不動産を使用・収益・処分できる
被担保債権となるもの	将来発生する債権のためにも抵当権をつけられる

　同じ土地に複数の抵当権をつけることもできる。
　後順位抵当権者の取り分を守ることも考えられているよ

4. 法定地上権（388条）

　Aの土地に建つAの家だけに抵当権がつき、競売されてBの家になっても、AB間には契約はないので、BはそのままAの土地の上に家を建てておくことはできない。その不都合を直すため、法定地上権が生まれた。条件を満たせば法定地上権が発生し、BはAの土地の上に家を存続させることができる。

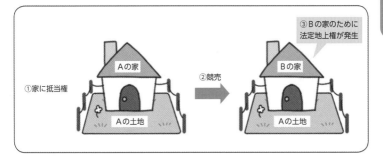

　法定地上権がないと、BはAの土地の上に権原（正当化された理由）なく家を建てていることに。BはAの土地から家をどかさないといけなくなる。これでは誰も競売を利用したくないよね

＜法定地上権の条件＞

　この4つの条件がそろうと、法定地上権が建物に自然と発生する。

①抵当権設定当時、土地の上に建物が存在する
②抵当権設定当時、土地と建物の所有者が同じ
③土地と建物の一方、または両方に抵当権がつく
④競売により土地と建物の所有者が別々になる

08 民法
債務不履行・解除

> 約束を守ってもらえないとき、何ができるかをみていくよ

1. 債務不履行（415条〜）

　債務者が契約（約束）を守らないこと。債務者が、正当な理由（帰責事由）なく、契約内容（債務の本旨）にそっていないことが必要。

> 帰責事由とは「債務者の故意・過失または信義則（誠実であるべきという原則）上これと同じに考えられる事由」のこと。債務者を補助する人（履行補助者）に過失があったときも、債務者の過失と考えるよ

2. 債務不履行の種類

①履行遅滞（約束を守らずに期限［履行期］が過ぎること）（412条）

＜期限とはいつか？＞

	履行期	例
確定期限のある債務	期限到来時	2021年1月12日
不確定期限のある債務	期限到来後請求を受けたときまたは債務者が期限の到来したことを知ったときのいずれか早い方	次に雨が降ったとき
期限の定めのない債務	債権者が履行の請求を受けたとき	期日の約束をしなかったとき

②不完全履行（約束の守り方が中途半端）

　例：病気のひよこを売り渡したとき

③履行不能（約束を守りたくても、もう不可能）（412条の2）

　例：土地の二重譲渡で2番目の買主が登記を終えたとき

> 金銭を支払う契約では、履行不能は認められない。金銭は誰かから借りることもできるから、履行不能はありえないよ

3. 債務不履行があったとき債権者ができること

①損害賠償請求（415条）

金銭賠償	債務不履行から生じた損害について、債権者は債務者に金銭賠償を請求できる。ただ相当因果関係のある損害でなければならない
損害賠償額の予定	当事者は、前もって損害賠償額を決めておくことができる
過失相殺	損害賠償の責任および金額を決めるとき、裁判所は債権者の過失を考慮しなければならない

> 債権者にも落ち度があるときは、損害賠償の金額からその分を差し引くほうが公平。過失相殺というよ

②契約の解除…契約がはじめからなかったことになる。

<解除のポイント>

- 原則解除の前に催告をする
  →債務者が履行をすれば、解除をする必要はないから
- 解除は、相手方に対する意思表示が必要（540条）。一度行うと解除の撤回はできない
- 解除の後は、当事者は原状回復義務を負うので、元通りの状態に戻すことになる
- 当事者が複数いるときは、その全員からまたはその全員に対して解除の意思表示をする
- 解除により契約がなかったことになるので、不利益を被る第三者がいる場合がある
  →解除前に新たな権利を取得し、対抗要件も備えた第三者は、解除の不利益から守られる

> 債務不履行はなく、契約後の事情により当事者が契約をなかったことにするという合意解除という方法もあるよ

09 民法 契約総論

> 契約にまつわる制度を見ていこう！

1. 危険負担（536条）

引渡の前に、目的物がなくなったときは引き渡すことができなくなる。それが売主の落ち度ではなかったとき、買主の代金の支払はどうなるか。

原則	売主買主双方に落ち度がなく目的物がなくなったときは、買主は代金を払わなくてよい（536条1項）。債務者主義という（売主である債務者がリスクを負担）
例外	買主に落ち度があり目的物がなくなったときは、買主は代金を支払わなければならない。目的物がなくなったことで売主に利益があれば、これを買主に引き渡さなければならない。（536条2項）

> これとは別に、リスクは債権者（買主）が負担し、買主は代金を支払わなければならないとする債権者主義という考え方もあるよ

2. 債権譲渡（466条〜）

債権を他の人に売ること。旧債権者と新債権者の契約で行われる。

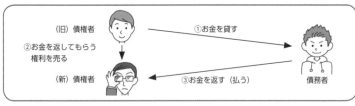

＜債権譲渡を主張するための対抗要件＞

債務者に対する対抗要件	旧債権者から債務者への通知または債務者からの承諾
第三者に対する対抗要件	確定日付のある証書（内容証明郵便など）による通知・承諾

> 債権が二重譲渡されたとき、確定日付のある証書が先に債務者へ届いたほうが勝つよ

3. 債権者代位権（423条〜）

債務者の権利を債権者が代わりに使うこと。

例：債権者は債務者Aに50万円貸したが、Aはお金がなく（無資力）返せない。AはBに100万円貸しているが催促すらせず放置している。そこで債権者がAの代わりになりBから取り立てる

A　100万円貸す（被代位債権）　B

50万円貸す
（被保全債権）

債権者

Aへの借金を返してと
請求する（債権者代位権）

お金を返してもらえない債権者を守る制度。債権者が貸した金額が権利行使の限度となるよ

＜債権者代位権のポイント＞

- 債務者がみずから権利を行使しないという事情が必要
  →あいまいな取り立ても、権利を行使していることになる
- 被保全債権が弁済期（返済する時期）にある
- 債務者の自由な意思に委ねるべきもの（一身専属権）は、被代位債権とならない
  例：離婚における財産分与請求権、慰謝料請求権など

4. 債権者取消権（424条〜）

債権者を害そうという意図で債務者がわざと自分の財産を減らすような契約をしたとき、債権者がそれを取り消すこと。

例：貸した金が債務者Aから返ってこなければ、債権者はAの家を売って回収するつもりだった。でもAは唯一の財産である家をBにあげてしまった。債権者が借金を返してもらえなくなるということを、AもB（受益者）も知っていた（詐害意思）。そこで債権者が、家をAのところに取り戻す

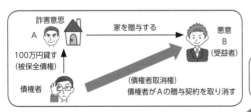

詐害意思
A　　　　家を贈与する　　　悪意
　　　　　　　　　　　　　B
　　　　　　　　　　　（受益者）

100万円貸す
（被保全債権）

債権者

（債権者取消権）
債権者がAの贈与契約を取り消す

債権者代位権は裁判以外でも主張できるよ

＜債権者取消権のポイント＞

- 債権者取消権は必ず裁判で主張しなければならない
- 裁判では、受益者または転得者（受益者から譲り受けた人）が被告（裁判の相手方）となる

10 民法

> 契約が終わり、債権が消えるときだよ

弁済・相殺

1. 弁済（473条〜）

契約通りのことをすること。例：債務者が、借金を債権者に返す

＜弁済のポイント＞

契約した本人以外でも弁済できるのか	原則できる（474条1項） ただ、似顔絵を描くなど契約した本人しかできないようなものはできない。 正当な利益のない第三者は、債務者の意思に反して弁済できない
どこまですれば弁済といえるか	【原則】現実の提供（493条）　例：酒屋がビールを届ける （債権者が受け取る以外に何もしなくてもよい程度） 【例外】口頭の提供（債権者が受取を拒んでいるとき）　例：酒屋が「準備できました」と客に伝える （弁済の準備が完了したと債権者に受取を促すこと）

> 債権者が受取をはっきりと拒んでいるときは、口頭の提供すらいらないよ

2. 相殺（505条〜）

債権と債務の同じ金額が帳消しになること。

例：Aが「相殺しよう」と言うと（相殺の意思表示）、A・Bの債務の同額が消え、BはAに50万円返せばよい

> 相殺の意思表示をした人が持つ債権を、自働債権と呼ぶよ

＜相殺のポイント＞

- お互いの債権が同じ種類のものでなければ相殺できない（例：貸金債権と代金債権）
- 自働債権は弁済期になければならないが、受働債権は弁済期になくてよい
- 相殺の意思表示により、相殺適状（相殺が可能となる）ときにさかのぼって債権はなかったことになる

> お互いの債務が同額になると自然に相殺されるわけではなく、相殺の意思表示が必要だよ

11 民法

登場人物が多いので
整理しよう

当事者の多い契約

1. 連帯債務 (436条〜)

1つの債務をみんなで負担。誰かが弁済すれば債務は消える。

例：3人でお金を出し合って1台の車を買う

3人はそれぞれ全額の債務を負う。誰かが全額払えば、他の人は払わなくてよい

<連帯債務のポイント>

- 債権者は債務者の誰にでも全額請求できる
- 全額支払った債務者は、他の債務者に立て替え払いを返してもらえる(求償権442条)
- 代物弁済、相殺、更改 (契約を変更するため新しい契約をし直し、元の契約をなくす)、混同 (同じ人が債権債務を持ったので、債権債務が消える) があると、債務者全員に影響が及ぶ

2. 保証債務 (446条〜)

債務者が契約を守れなかったときに、他の人が責任を持つこと。

例：債権者Aが債務者Bにお金を貸す。AとCが保証契約を結ぶとCは保証債務を負い、Bが返せなかったときにCが代わりにお金を返す

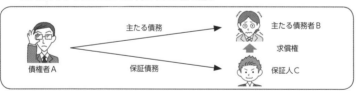

<保証債務のポイント>

- 保証債務には附従性 (主債務がなければ保証債務は存在しない)、随伴性 (主債務が債権譲渡されれば保証債務も一緒に移る)、補充性 (主債務者が払えないときに、保証人が払う) がある
- 債権者が保証人に「払って」と言ってきたら「主債務者に催促して (催告の抗弁権)」や「主債務者には財産があるからそちらを処分して (検索の抗弁権)」と支払を拒むことができる

連帯保証 (保証人が債務者と同じ立場になって責任を負うこと) では、保証人には2つの抗弁権がなく支払を拒めないよ

12 民法 売買

手付の種類と売主の責任を
チェック

1. 売買契約（555条）

売主が物を渡し、買主が代金を払う契約。

2. 手付（557条）

契約を結ぶときに、契約の当事者の一方がもう片方に払うお金のこと。

<手付の種類>

証約手付	契約を結んだ証拠として払う手付金。手付を払うと最低限この性質がある
違約手付	債務不履行が起きたときに相手に没収される手付金
解約手付	払った手付は戻ってこない代わりに、債務不履行がなくても契約を解除できる。手付の種類がはっきりしないときは解約手付と推定される

<解約手付が支払われたときに解除するには>

相手が契約を守ろうと行動を取る前に解除する必要がある　具体的には→　客観的に外部から認識できる形で契約の一部をなし、または欠くことのできない前提行為をする前に解除
例：契約書を相手に渡す

3. 売主の責任（560条～）

売り物に瑕疵（傷・ミス）があるときは、売主は責任を取らなければならない。無過失責任である。

売り物の種類・品質・数が契約と違う	買主には追完請求権があり（562条）、修理や代替物の引渡を頼める。契約違いが買主のせいであれば、追完請求はできない
	買主が追完をお願いしたのに放置されたときは、代金減額請求ができる（563条）
	買主は損害賠償請求・解除もできる（564条）
期間制限	買主が種類・品質の契約違いを知ったときから1年以内に売主に知らせないときは、売主は責任を負わない（566条）

売買契約にかかる費用は、売主買主のお互いが半分ずつ負担することになっているよ。公平だね

民法

貸主と借主の義務を押さえる

13 賃貸借契約

1. 賃貸借契約（601条〜）

貸主から借りた物を借主が使い、賃料を払い、契約が終わったときに物を返す契約。家を借りる場合のように、借主は必要に迫られているため、弱い立場の借主を守るような制度になっている。

<契約内容>

賃貸人（貸主）の義務	①賃借人に目的物を使用・収益させる（直接利用して利益を得させる） ②賃借人が立て替え払いした必要費（現状を保存するための費用。雨漏り修繕費など）は直ちに、有益費（価値を高めるための費用。床暖房の取り付け費など）は契約終了時に返す
賃借人（借主）の義務	①賃料を支払う ②用法に従って使用・収益する ③善良な管理者として注意をしながら保管する ④修繕が必要なら賃貸人に通知する ⑤賃貸人の保存行為（価値を保つための修繕など）を拒めない ⑥契約が終われば目的物を返還する

●敷金…賃借人が賃貸人に前もって支払う金銭。賃借人が賃料を滞納したときは、敷金から充当される。敷金の残りは、契約が終わって目的物の返還を受けたときに、賃貸人が賃借人に返さなければいけない。

<賃借人が賃貸人に断りなく、賃借権を譲渡（賃借人が変わる）・又貸し（転貸）したとき>

原則	賃貸人は契約を解除することができる
例外	当事者間の信頼関係が破壊されたといえなければ、賃貸人は解除できない 例：賃貸人と新賃借人が親子

> 部屋は長期間借りるから、貸主と借主の信頼関係を保つことが重要になるよ

<賃貸借契約の対抗要件>

契約期間中に賃貸人が変わったとき、賃借人は住み続けられるか。

原則	賃借人は新賃貸人に賃借権を主張できない（賃借人は住み続けられない）	
例外	①賃借人が不動産賃借権を登記したとき（605条） ②土地を借りている→借地上にある賃借人の建物の登記 　（借地借家法10条1項） ③建物を借りている→建物の引渡（＝住んでいる）（借地借家法31条）	住み続けられる

14 民法
不法行為

> 事故に遭ってケガをしたとき 治療費は誰が払う?

1. 不法行為

他の人の権利を違法に侵害した加害者が被害者にお金で償う制度。例:運転手がタクシーで歩行者をひいてしまった。

> 損害賠償請求は、債務不履行のときもできるね(P83)。
> 不法行為は、被害者と加害者の間に契約関係がないよ

<不法行為の条件>

故意・過失がある	故意→わざと　過失→うっかり
どのような損害が生じたか	財産的損害　例:治療費、けがで欠勤したときの給料 精神的損害　例:慰謝料
違法性	正当防衛(他人の不法行為から身を守るためやむを得ずした行為)、緊急避難(他人の物から生じた急迫の危難を避けるためにとった行為)により、被害が生じたときは違法性はない
加害者に責任能力がある	自分の行為が違法なものだと法律上非難されることを理解できる能力がないと、責任を負わない(12、13歳程度の精神能力)
因果関係	不法行為と損害の間に相当因果関係がある

<不法行為のポイント>

加害者が負う責任	<原則>金銭賠償(722条1項) <例外>原状回復(723条)　例:謝罪広告
損害賠償を請求できる人	被害者本人。 被害者本人が亡くなっていれば、被害者の父母・配偶者・子どもにも請求権がある
過失相殺	裁判所は、被害者側の過失も考慮したうえで、損害賠償の額を定めることができる(722条2項)。被害者側の過失には、被害者と一体とみられるような人(父母や親族)の過失も含む
時効	被害者または法定代理人が損害および加害者を知ったときから3年(人の生命・身体を害する不法行為のときは5年)、不法行為のときから20年で損害賠償請求権は消滅

2. 使用者責任（715条）

　雇われて仕事をしているときに他人に損害を与えたら、その使用者（雇用主）が損害賠償責任を負う。損害を与えた従業員が責任を負うのはもちろん、使用者はその従業員により利益を得ているから、損害にも責任をもつのが公平（報償責任）。

　ただ、使用者が従業員の選任・監督に相当の注意をしたと証明したときは、責任を負わない。

> 仕事中といえるかは、「仕事をしているように見えるかどうか」で判断するよ

3. 責任無能力者を監督する義務のある者の責任（714条）

　責任能力がなければ、加害者は責任を負わない。そうなると被害者保護ができないため、責任無能力者を監督する法定の義務のある者が損害賠償責任を負うことがある。例：親権者、保育士

　ただ、監督を怠らなかったことを証明すれば、責任を負わない。

4. 工作物責任（717条）

　土地に置いてある工作物の設置や保存の仕方に瑕疵があり、他人に損害を与えたとき、危険物を支配している人が責任を負う。

＜損害賠償責任を負う人＞

工作物の占有者	ただ、占有者が損害の発生を防止する注意をしていたときは責任を負わない
工作物の所有者	ただ、自分に過失がなかったことを証明しても責任から逃れることはできない（無過失責任）

5. 動物の占有者の責任（718条）

　ペットを飼っている人や保管する人は、ペットが起こした損害を賠償する責任がある。ただ、相当の注意をしていたときは責任を負わない。

> 数人のしたことで不法行為が起きたときは、連帯して責任を負うよ。加害者がはっきりしていなくても責任を負うことになるよ

15 民法

家族に関するルールを確認しよう

家族・相続

1. 婚姻 (731条〜)

結婚のこと。

<婚姻が成立するための条件>

 届出 + 婚姻する意思の一致 = 婚姻成立

 無届や当事者に婚姻意思がないときは、無効だよ

<婚姻が認められない場合>

適齢に達していない	18歳にならなければ婚姻できない
重婚でない	重ねて婚姻できない
待婚期間が過ぎていない	女性は、前の婚姻の解消・取消の日から100日後でなければ再婚できない (733条)
近親婚でない	直系血族および三親等内の傍系血族の婚姻は禁止

この4つの原因があるときは婚姻を取り消すことができる。
取消はさかのぼらず、将来に向かってのみ解消されるよ

<婚姻したことで生じる義務>

同居・協力・扶助の義務	互いに協力し助け合わなければならない
夫婦別産制	結婚前から夫婦の片方が持つ財産や婚姻してから自分の名で得た財産は、単独で所有する財産になる
日常家事債務の連帯責任	日常生活で負った債務は、夫婦の連帯責任となる。日常生活をするうえで通常必要な債務かどうかが決め手

2. 離婚

結婚を解消すること。

<離婚により生じること>

復氏	<原則>名字を元に戻す <例外>離婚の日から3か月以内に届け出ると、名字を元に戻さなくてもよい
子の親権者	夫婦のどちらかを親権者と決めなければならない
財産分与	離婚の相手方に財産を分けるように請求できる

3. 親子（772条～）

<子の意味>

子	実子	嫡出子	婚姻している母から生まれた子
		非嫡出子	婚姻していない母から生まれた子
	養子	普通養子	もともとの親子関係がそのまま続く
		特別養子	もともとの親子関係は断絶する

> 養子縁組をすると血のつながりがなくても親子関係が生まれ、子は嫡出子となるよ

<嫡出子の推定>

①婚姻中に妻が懐胎した子は夫の子と推定される
②婚姻した日から200日後、または婚姻の解消もしくは取消の日から300日以内に生まれた子は、婚姻中に懐胎したものと推定される
①＋②＝妻の産んだ子は夫との間の嫡出子である

> 嫡出推定をなくすには、夫が起こす嫡出否認の訴えしかないよ

<認知>

父が非嫡出子を認知すると、子が生まれたときから親子関係が生まれる。

任意認知	戸籍法にそって届け出る。遺言でもできる
	未成年・成年被後見人の認知には、法定代理人の同意はいらない 成年の子を認知するときは、子の承諾が必要 胎児を認知するときは、母の承諾が必要
強制認知	父が認知しないときに認知の訴えを起こし、認知を強制できる 父の死亡の日から3年経過すると訴えを起こせない

<特別養子>

方法	養親となる者が家庭裁判所に申立てをする
条件	縁組は夫婦共にしなければならず、配偶者がいないとできない 連れ子は例外
養親	原則、25歳以上でなければならない
離縁	原則できず、養子関係を解消することはできない

4. 相続

死者が残した財産を家族が分けて引き継ぐこと。引き継ぐ人のことを相続人という。

> 死者の所有する建物に、生前、死者と住んでいた配偶者（結婚相手）は、遺産となった建物に住み続けることができるよ（配偶者居住権）

<法定相続分>

民法は誰がどれだけ引き継ぐかを定めている。死者との関係性によって、引き継ぐ割合が決まっている。

相続人	死者の配偶者	死者の子	死者の直系尊属	死者の兄弟姉妹
死者に子がいる	1/2	1/2	0	0
死者に子がいない	2/3		1/3	0
死者に子・直系尊属がいない	3/4			1/4

> 相続金額の計算問題が出ることがあるよ

<遺言>

自分の財産を死後どう処分したいかを書いておく文書。遺志は法律により守られる。

遺言は民法の方式にそっていないと効力がない。2人以上の者が同一の証書で遺言を書くことは認められない。

> 15歳以上であれば、誰でも遺言ができるから制限行為能力者（P71）も1人で遺言を残せるよ

> 遺言を書いた人は、遺言の方式に従って遺言の全部・一部を撤回することができる。撤回権は放棄できないよ

<遺言の種類>

自筆証書遺言	遺言の全文・日付・氏名を自分で書いて、印鑑を押す
公正証書遺言	証人2人が立ち会いながら、遺言者が公証人に遺言を伝え、それを公正証書にして保管する
秘密証書遺言	遺言を封印し、公証人に提出する

民法の 一問一答チェック

民法

（　　）に当てはまる言葉を答えよう

●総則／物権

	問　題	答
1	意思能力のない人の行為は（　　）となる。	無効
2	民法での出生とは、母体から胎児が（　　）出ることである。	全部
3	制限行為能力者が1人でした行為は（　　）ことができる。	取り消す
4	成年被後見人とは、精神障害により判断能力を（　　）にある者をいう。	欠く常況
5	被補助人とは、判断能力が（　　）な者をいう。	不十分
6	制限行為能力者が詐術をして行為したときは、取り消すことが（　　）。	できない
7	制限行為能力者であると（　　）することは、詐術にはならない。	黙秘
8	心裡留保は原則（　　）である。	有効
9	動機に錯誤があるときは、相手が錯誤を知っていれば取り消すことが（　　）。	できる
10	代理人が自分の名で代理人を選任し、本人を代理させることを（　　）という。	復代理
11	相手方の代理人となって、自分と契約を結ぶことを（　　）という。	自己契約
12	無権代理行為を追認すると、（　　）有効になる。	契約時にさかのぼって
13	所有権は時効消滅（　　）。	しない
14	同じ物の上に同じ内容の物権は成立しないということを（　　）という。	排他性
15	土地の二重譲渡がされたときは、（　　）で勝負を決める。	登記

民法の一問一答チェック

( )に当てはまる言葉を答えよう

●物権／債権　　　　　　　　　問　題　　　　　　　　　　　答

	問　題	答
16	借りた物を買うことを（ ）という。	簡易の引渡
17	共有物を保存する場合、各共有者が（ ）で決める。	単独
18	担保物権に共通する特徴で、債権と担保物権の成立・消滅が連動するというものを（ ）という。	附従性
19	留置権には、物上代位性が（ ）。	ない
20	抵当権の対抗要件は（ ）である。	登記
21	将来発生する債権に前もって抵当権をつけることは（ ）。	できる
22	債務者が約束を守らずに期限が過ぎることを（ ）という。	履行遅滞
23	債務者が中途半端に約束を守ることを（ ）という。	不完全履行
24	債務不履行があると、債権者は損害賠償の請求・（ ）ができる。	契約の解除
25	売主買主双方に落ち度がなく目的物がなくなったとき、買主は代金を払わなくてもよい。これを危険負担の（ ）主義という。	債務者
26	債権を他の人に渡すことを（ ）という。	債権譲渡
27	債務者の権利を債権者が代わりに使うことを（ ）という。	債権者代位権
28	債権者取消権は裁判以外で主張でき（ ）。	ない
29	弁済は、契約した本人以外でも原則（ ）。	できる
30	（ ）まで行えば、弁済したことになるのが原則である。	現実の提供

●債権／家族・相続　　問　題　　　　　　　　　　答

31	債権と債務が同じ金額だけ帳消しになることを（　）という。	相殺
32	相殺するとき、必ず弁済期にないといけないのは（　）である。	自働債権
33	連帯債務者の債権者は、債務者の誰にでも全額請求（　）。	できる
34	保証債務には、補充性が（　）。	ある
35	保証人には催告の抗弁権と（　）がある。	検索の抗弁権
36	手付を払うと最低限（　）の機能を有する。	証約手付
37	買った物に瑕疵がある場合、買主には追完請求権が（　）。	ある
38	賃借人が立て替え払いをした必要費は、（　）賃貸人から返してもらえる。	直ちに
39	人に損害を与えてしまう不法行為が起きた場合、加害者は被害者に対し原則（　）の責任を負う。	金銭賠償
40	適齢に達していない婚姻は取り消すことができ、婚姻は（　）解消される。	将来に向かって
41	離婚すると、原則名字を元に戻す。離婚の日から（　）か月以内に届け出ると、名字を戻さなくてもよい。	3
42	特別養子の養親は、原則（　）以上でなければならない。	25歳
43	相続人が配偶者と子の2人だけの場合、子の法定相続分は（　）である。	2分の1
44	封印し、公証人に提出するタイプの遺言を（　）という。	秘密証書遺言
45	制限行為能力者でも（　）歳以上であれば、1人で遺言ができる。	15

刑法のかんどころ

刑法のポイント

● 罪になる行為とその罰が書かれた法律
● 共通理論の「総論」と個別の犯罪のポイントが書かれた「各論」からなる
● 総論、各論1問ずつの出題が定番

● 犯罪成立までの流れ

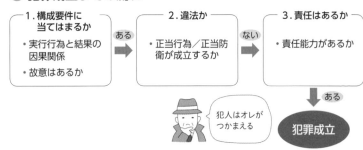

● 刑法の世界

　刑法は哲学チックな総論と、個別の犯罪のマニュアルのような各論からなる。

　行為と結果のどちらが犯罪と呼べるのかに関して、以下の2つの考えがある。実務は行為無価値の考え方で動いているようだが、理論的には学説が激しく対立している。

行為無価値	「やったことが悪いので罰せられる」という考え方
結果無価値	「やったことの結果が悪いので罰せられる」という考え方

総論パート ▶すべての犯罪に関わる理論

彼らは有罪になるのか？

● **不作為犯** （P100）

溺れている人を助けませんでした

犯人A

● **因果関係** （P100）

毒を飲ませたが、効く前に転落死したんだ

犯人B

● **正当防衛・緊急避難** （P101）

殺されると思ったから、仕方なく刺したの

犯人C

● **未遂犯・中止犯・共犯** （P102）

人を刺したけど、救急車を呼んだぞ

犯人D

各論パート ▶各犯罪の要件やポイント

● **殺人罪・傷害罪・暴行罪** （P104）
● **窃盗罪・強盗罪** （P105）
● **詐欺罪・横領罪** （P106）

● **放火罪・公務執行妨害罪** （P107）
● **文書偽造罪・賄賂罪** （P108）

攻略のコツ

◎ 総論パート
・「どこまでの行為をしたら犯罪になるのか」という意識を持つと理解しやすい

◎ 各論パート
・「その罪が成立する条件」を押さえる。傷害罪と暴行罪など似た罪の違いをチェック

・刑法が厳格すぎると無実の人が犯罪者とされ、逆に人権擁護が行きすぎると犯罪者に優しい世の中になってしまう。「犯罪者にちょっと厳しめ」な選択肢が正答になりやすい

01 刑法

罪が問われない場合は
どんなとき？

刑法総論

1. 不作為犯

犯罪が起きないようにするべきなのに、何もしなかったので犯罪の結果が
起きてしまうこと。例：授乳中の母親が居眠りをしてしまい、乳児を窒息死させる

> 不作為犯が成立するには、作為義務があるのに怠る（や
> る義務があるのにしない）という事情が必要だよ

<不作為犯の作為義務のポイント>

作為義務は法令、契約、慣習によって発生する。

事例	成立する犯罪
近所の子が川で溺れていたが、自分は泳げないので放置し、溺死させた	不作為の遺棄致死罪は成立しない
タクシーの後部座席に乗っていたら、運転手が事故を起こし重傷を負い、放置したら死亡した	不作為の殺人罪は成立しない

2. 因果関係

偶然に起きたことの責任を犯人に負わせることはできない。そのため、犯
人の行為と、犯罪結果の間には因果関係が必要である。ただ、因果関係の考
え方には議論がある。

<因果関係の考え方>

条件説	行為と結果の間に「あれなければこれなし」という関係があれば、因果関係があると考える		
相当因果関係説	条件関係を前提に、因果関係を相当な範囲に絞る考え方	主観説	行為時の行為者が知っていた事情を基準に判断する
		折衷説	一般的な人が知っていた事情を基準にして行為時の事情を判断する
		客観説	行為時のすべての事情・行為後の予想可能な事情を考慮する

選択問題の素材になるところだよ

3. 正当防衛（36条1項）

　犯罪の被害を受けないよう犯人に対してとっさにした行為が、結果として犯罪になっても、罰せられない。

例：素手で殴りかかって来た相手に、素手で反撃する。本来なら傷害罪になりそうだが、自分を守るためにしたので、正当防衛となる

＜正当防衛の条件＞

急迫不正の侵害がある	急迫…犯罪被害の危険が目の前に迫っている、今そこにあること 不正…自分に迫りくる行為が違法であること
自己または他人の権利のため	国や社会を守るという意思でもよい
やむを得ずにした行為	守るためにした行為が必要で、かつ相当（つり合っている）か。やり過ぎてしまったとき（素手で殴りかかられて、ナイフで反撃）は過剰防衛となり、情状により刑が減軽・免除になる（36条2項）
防衛の意思がある	積極的に攻撃する意思があると正当防衛にならない

4. 緊急避難（37条1項）

　犯罪の被害を受けないようとっさにした行為が、犯人以外の人に被害を与えたとき、罰せられない。

例：襲われそうになったので、見ず知らずの人の家に逃げ込んだ。本来なら住居侵入罪になるが、自分を守るためにしたので、緊急避難が成立する

＜緊急避難の条件＞

やむを得ずにした行為	その行為が被害を避けるための唯一の手段で、他に方法がないということ
法益の均衡（バランス）	守るべきものが犠牲になるものより価値が大きいか、同じでなければならない

> 正当防衛は、違法な侵害に対して行うから、「不正」対「正」の関係があるよ。緊急避難は「正」対「正」だよ

02 刑法

未遂犯・中止犯・共犯

> 途中で犯罪行為をやめた場合はどうなる？

1. 未遂犯（43条）

犯罪行為をしはじめた（実行に着手）が、やり遂げなかったこと。未遂を罰する規定があれば、処罰される。障害未遂ともよばれ、刑は減軽することができる。

＜犯罪行為の流れ＞

犯罪の意思 → 犯罪の予備・陰謀 → 犯罪の実行に着手 → 犯罪結果の発生

予備の段階 ／ 未遂の段階 ／ 既遂の段階

＜未遂犯の種類＞

障害未遂	着手未遂	犯罪行為をしはじめたが、犯罪行為が終わらなかった
	実行未遂	犯罪行為は終わったが、結果が発生しなかった

＜未遂犯の条件＞

実行の着手	犯罪行為またはこれと密接な関連のある行為の全部・一部をしはじめる
犯罪をやり遂げなかった	犯罪結果が起きていない

＜実行の着手があるか＞

夜中に店に侵入し、電気器具売場からタバコ売場へ行きかけたところ、店主が帰ってきたため窃盗をやらなかった	窃盗の実行の着手がある →未遂犯にはならない
家を放火するため灯油をまき、新聞紙を丸めライターを取り出したら、顔見知りの人が通りかかったので逃げた	このままでは家を燃やすことは不可能なので、放火罪の実行の着手はない →予備罪となる
ある人を殺害する目的で致死量の毒を入れた食べ物を郵送した。その人が郵便物を受領した	殺人罪の実行の着手がある →飲食できる状態にあるから

> 人だと思って拳銃で撃っても、わら人形であれば死ぬことはないね。犯罪結果が絶対に起きないときは、不能犯といって処罰されないよ

2. 中止犯（43条但書）

　実行に着手したが、自分の意思で犯罪を止めること。刑は減軽・免除される。中止未遂ともよばれる。

<中止犯の条件>

> 反省することまでは必要ではないよ

自分の意思で犯罪を止める	犯罪を完成することができたのに、自発的にやめること。例：かわいそうになったのでやめる
中止行為	結果発生を食い止めるための真摯な努力
結果が生じない	中止しても結果が発生すれば、中止犯にはならない

3. 共犯（60条〜）

　複数の人が犯罪に関わること。

<共犯の種類と刑罰>

種類	説明	刑罰
教唆犯（61条）	犯罪しようと思っていない人をそそのかし、犯罪を実行させた人	正犯の刑が科される
幇助犯（従犯）（62条）	正犯（犯罪行為を行う人）の行為を助けた人	正犯の刑を基準に減軽
共同正犯（60条）	犯罪を共同で行った人	正犯と同じ刑が科される
共謀共同正犯	実行行為をしていないが、一緒に犯罪の計画をした人。他人のした実行行為を自分がしたものと同視できるので罰せられる	

> 教唆犯と幇助犯（従犯）は、正犯が実行の着手をしないと処罰されないよ

<共犯のポイント>

事例	成立する犯罪
傷害を共謀したが、共犯者の1人が殺人をした場合	殺意のなかった共犯者には、殺人罪は成立しない。傷害致死罪の共同正犯となる
既に犯罪を行う意思がある人に教唆をした場合	犯罪の意思が強まったとしても教唆犯ではなく、幇助犯（従犯）となる

> 事情を知らない他人を利用して自分の犯罪を実現する（間接正犯）という犯罪もあるよ

03 刑法

個別の犯罪

1. 殺人罪（199条）

人を殺すこと。胎児は、母体から一部でも露出すると「人」として扱われる。

> 人に関する考え方は、民法（P70）とは異なるよ

2. 傷害罪（204条）

人の生理的機能を害すること。病気に感染させることや、大音量で音楽を流しストレスを与えることも傷害に当たる。

＜傷害罪の故意＞

暴行するつもりで（傷害の意図なく）暴行行為をした結果、傷害が起きてしまったときも、傷害罪は成立する。相手がけがをしなかったときは暴行罪になる。暴行の故意で暴行し被害者が死亡した場合は、傷害致死罪となる。

> 同時に同一人物を傷害し、誰がどの傷を負わせたか特定できないときは、数名が共同正犯として扱われるよ（同時傷害の特例）

3. 暴行罪（208条）

相手に暴行を加えること。狭い部屋でさやのない日本刀を振り回すことも、人の顔にお清めの塩をかけることも暴行である。

＜暴行の意味＞

刑法の中には暴行という言葉が出てくるが、犯罪によって意味が違う。

	意味	罪
最広義	人・物に向けられた不法な有形力	騒乱罪など
広義	人に対する直接・間接的な有形力	公務執行妨害罪など
狭義	人の身体に向けられた不法な有形力	暴行罪など
最狭義	人の反抗を抑圧するくらい強度のもの	強制性交等罪、強盗罪

4. 窃盗罪（235条）

他人が占有している物を盗むこと。

> ゴルフ場の池にあるロストボールを拾うと、窃盗罪になるよ

<窃盗罪の条件とポイント>

不法領得の意思	物の権利者を排除して、自己の所有物として経済的用法に従って利用・処分する意思のこと
他人の占有とは	物が権利者の事実上の支配圏内にあるかどうか（権利者の物といえるか） 例：忘れてから約5分経ち約20メートル離れても、忘れ物はもともとの所有者が支配している
殺人犯が死者から物を盗んだ場合	その殺人犯との関係では「死者が物を占有している」といえ、殺人犯に窃盗罪が成立する
使用窃盗	使用後被害者に物を返すつもりがあっても、一時的に完全に権利者を排除し物を自己の物のように使用すれば窃盗罪が成立する
着手時期	物色行為が始まったとき
既遂時期	他人の占有を侵して物を自分の占有に移したとき

5. 強盗罪（236条）

暴行・脅迫をして他人の物を奪い取ること。

<強盗罪の流れ>

 犯人が被害者に暴行・脅迫 → 被害者が反抗を抑圧される → 犯人が物を奪う

<強盗罪のポイント>

暴行・脅迫の程度	相手の反抗を抑圧する程度。 そこまでに至らないと、恐喝罪となる
一般的な人なら反抗を抑圧されるような暴行でものを奪ったが、たまたま被害者は反抗を抑圧されなかった	強盗未遂罪が成立する
強盗犯が人を負傷・死亡させた	強盗致死傷罪となる

> 窃盗犯（既遂・未遂どちらでもよい）が、物の取り戻しを防ぐためや、逮捕を免れるため、証拠を隠滅するために暴行・脅迫をすると、事後強盗罪（238条）となるよ

6. 詐欺罪（246条）

犯人が人を騙し、物を得ること。

＜詐欺罪の流れ＞

 犯人が被害者を騙す ➡ 被害者が騙される ➡ 騙された被害者が犯人に物を渡す ➡ 犯人が物を得る

＜詐欺罪のポイント＞

●騙す…相手を勘違い（錯誤）させること

事例	詐欺罪になるか
自動販売機に偽コインを投入して物を得た	詐欺罪にはならない 自動販売機は勘違いしないから
国や地方公共団体を騙した	詐欺罪になる 「人」には国や地方公共団体も含まれる
代金を支払う意思なく定食屋で注文し食べた	詐欺罪になる
店を出てしばらくして釣銭の多さに気づいたがそのまま帰宅した	詐欺罪にならない 騙していないから

7. 横領罪（252条）

自分が占有する他人の物を横取り（横領）すること。

＜横領の意味＞

領得行為説	不法領得しようという意思を実現すること
越権行為説	委託の趣旨に反して物を勝手に処分すること

考え方が対立しているところは、選択問題の素材になりやすいよ

＜横領罪のポイント＞

占有とは	法律上の占有（登記簿に自分の名義がある土地）、事実上の占有のこと
不法領得の意思	他人の物を占有する者が、委託を頼まれたにもかかわらず、所有者でなければできないようなことを勝手に行う意思が必要
封がされているものの場合	封がされた物全体を領得すると横領罪。 中身だけ引き抜くと窃盗罪

8. 放火罪（108条〜）

放火して、建物などを燃やす（焼損する）こと。物が独立して燃焼を開始したときに既遂。

＜放火罪の種類＞

放火

人（犯人以外）がいる・住んでいる → 現住建造物等放火罪

人がいない → 非現住建造物等放火罪

建物以外のもの → 建造物等以外放火罪

エレベーターの事例の出題が多いよ

＜放火罪のポイント＞

事例	成立する犯罪
マンションにあるエレベーターに放火し、壁が燃えた	現住建造物等放火罪
居住者全員を殺害後、その家を放火した	非現住建造物等放火罪
1回の放火で数個の造物が燃えた	1個の放火罪

9. 公務執行妨害罪（95条1項）

仕事をする公務員に暴行・脅迫をすること。

＜公務執行妨害罪のポイント＞

事例	成立する犯罪
帰宅途中の警察官に暴行・脅迫した場合	公務執行妨害罪は成立しない 仕事中ではないから
暴行は公務員の体に向けられていなければならないか	物に対して加えられた大きな力が間接的に公務員に影響する間接暴行でもよい
消防署にうその火災通報をし、消防業務を混乱させた場合	公務執行妨害罪は成立しない 暴行・脅迫がないから

公務を妨害から守り、スムーズに行うためにあるよ

10. 文書偽造罪（154条〜）

使う目的を持って、文書の名義を偽ったり（偽造）、偽物の文書を作ること。

＜文書偽造罪のポイント＞

使う目的とは	名義を偽った文書や偽物の文書を正しい（真正の）ものとして使用すること
文書とは	公文書（公務員が公務員の名義で権限内において作る文書）と私文書（他人の権利などに関する文書）
偽造とは	作る権限のない人が、他人名義で勝手に文書を作ること
公文書のコピー	公文書といえるので、作り変えると偽造になる

文書に対するみんなの信頼を守るためにあるよ

11. 賄賂罪（197条〜）

仕事に関して、公務員がお金などを受け取る、またもらえるよう頼むこと（収賄罪）と、公務員にお金などを渡すこと（贈賄罪）。

＜賄賂罪のポイント＞

賄賂とは	仕事の見返りとして受け渡されるすべてのもの。金品だけでなく、人の欲望を満たすものならあてはまる
中元・歳暮などの社会的儀礼は賄賂か	仕事の見返りとして行われたのであれば、賄賂になる
仕事に関してとは	公務員が実際に担当していない仕事に関してや、前の仕事に関しても含む

公務員の仕事が公正に行われているという国民の信頼を守るためにあるよ

( )に当てはまる言葉を答えよう

	問　題	答
1	運転手が事故を起こし重傷を負った。後部座席の同乗者は救護せず放置したので、運転手は死亡した。同乗者に殺人罪は成立( )。	しない
2	因果関係があるかどうかは、折衷説によると( )を基準にして行為時の事情を判断する。	一般的な人
3	正当防衛が成立するためには( )の意思が必要である。	防衛
4	犯罪の実行に着手し、犯罪結果が起きなかったときは、( )となる。	未遂
5	犯罪行為をしはじめたが、犯罪行為が終わらなかったことを( )未遂という。	着手
6	複数の人が犯罪に関わることを( )という。	共犯
7	犯罪しようと思っていない人をそそのかし、犯罪を実行させた人のことを( )という。	教唆犯
8	人の生理的機能を害することを( )という。	傷害
9	狭い部屋でさやのない日本刀を振り回すことは( )である。	暴行
10	最狭義の暴行は、被害者の( )するくらい強度のものを指す。	反抗を抑圧
11	店を出てしばらくして釣銭の多さに気づいたがそのまま帰宅した。詐欺罪は成立( )。	しない
12	放火罪は、物が( )したときに既遂となる。	独立して燃焼を開始
13	消防署にうその火災通報をし、消防業務を混乱させた場合、公務執行妨害罪は成立( )。	しない
14	文書偽造とは、文書を( )のない人が、他人名義で文書を作ること。	作る権限
15	賄賂とは、( )として受け渡されるすべての物。	仕事の見返り

刑法

労働法のかんどころ

重要度 ✲✲
難度 ✲✲

個別的パート ▶労働者の権利と雇用主の義務を扱う

● **労働基準法（P112）**
  ・労働時間
  ・賃金・年次有給休暇
  ・就業規則
  ・懲戒
  ・解雇

カフェ店主

うちの店で働かない？

労働時間はどれくらいですか？

お給料は、どれくらいですか？

正社員ですか？

有給は使えますよね？

福利厚生は？

○ 法律によって労働者の意味が違う？

● **労働基準法では「職業の種類を問わず使用され、賃金を支払われるもの」**
● **労働組合法では「職業の種類を問わず収入によって生活するもの」**
  よく見ると定義が微妙に違っていて、労働基準法では失業者は労働者に含まれない

● **労働組合法（P116）**

・団体交渉

カフェ従業員

・争議行為

・不当労働行為

攻略のコツ

◉ **束になってかかろう**

・労働者がグループを組んで使用者と交渉したほうが、交渉が有利になるかも。かといって組合は暴力的な活動をしてはダメ。フェアプレーの精神は大事

◉ **バランスが大事**

・労働者の保護が目的の法律だが、使用者の権利も尊重する必要がある。双方のバランスをとった選択肢が正答になりやすい

01 労働法

> 働き方改革などで、近年、
> 法改正が行われたよ！

労働基準法

1. 労働時間

労働者が使用者の指揮監督の下にある時間のこと。実際に作業している時間だけではなく、手待ち時間も労働時間。

＜法定労働時間（32条）＞

> 1週間で40時間以内

> 1日8時間以内

＜休憩時間（34条）＞

労働時間の途中に与えられる休み時間のこと。

労働時間	休憩時間
6時間以内	なくてもよい
6時間を超える	45分以上
8時間を超える	1時間以上

> 休憩時間は一斉に与え、労働者に自由に利用させなければいけないよ

＜休日（35条）＞

日曜日ではなくてもよい。

> 毎週少なくとも1回

> 毎週ではなく、
> 4週間の中で4日以上

> 使用者は、労働者の代表と三六協定を結ぶと、時間外・休日に労働者を労働させることができるよ。でも、割増賃金は支払わなければならないからね

＜労働時間の事例＞

事例	労働時間といえるか
入退場門と更衣室の間の移動	×（使用者の指揮命令下にない）
更衣室と作業場の間の移動	○（本来の作業に不可欠な準備行為）
体を洗う時間	×（体を洗うことを義務づけられていない）
更衣室での作業服等の更衣	○（使用者から作業服を着るよう義務づけられている）

2. 賃金

労働の見返りとして使用者が労働者に支払うすべてのもの。

<賃金に関する4つの原則（24条）>

通貨払の原則	原則	賃金は通貨で支払う
	例外	口座振込はOK
直接払の原則	原則	賃金は労働者に直接支払う
	例外	労働者が病気の場合に、妻に渡すことはOK
全額払の原則	原則	賃金は全額支払う。相殺は許されない
	例外	賃金を過払したときは、賃金から控除してもよい
一定期日払の原則	原則	毎月1回以上一定の期日に賃金を支払う
	例外	臨時に支払われるもの（例：賞与）はOK

3. 年次有給休暇（39条）

賃金をもらえるお休みの日。年給ともいう。

労働する義務のある日のことを労働日と言うよ

<条件と日数>

雇い入れた日から6か月間継続勤務し、全労働日の8割以上出勤した者	継続または分割した10日間が有給休暇となる
1年6か月以上継続勤務した者	1年で1日、2年で2日、3年で4日、4年で6日…などと加算されていき、最高20日間が付与される

<年次有給休暇のポイント>

有給休暇の請求の必要性	有給休暇は条件を満たせば当然に発生する 労働者が使用者に請求することで初めて発生するものではない
有給休暇の時季	労働者が時季を指定してきても、事業の正常な運営を妨げる場合は、使用者は他の時季に変更できる（時季変更権）
単に繁忙期というだけで、使用者は時季変更できるか	できない。その労働者の仕事が不可欠で、代替人員の確保が困難なときでなければならない
有給休暇の過ごし方	休暇をどう過ごすかは、労働者の自由
一斉休暇闘争（ストライキ）に参加するために有給休暇を請求できるか	できない。有給休暇としてではなく休むことはできるが、賃金はもらえない

4. 就業規則（89条〜）

　労働条件やハウスルール（企業ごとのルール）が書かれたもの。つねに10人以上の労働者が働いているときは就業規則を作って、行政に届け出なければならない。

> 始業・終業の時間、休憩時間、賃金に関すること、昇給に関することなどを書かなければいけないよ

＜就業規則の力関係（優先順位）＞

　ルールの内容に食い違いがあるときのために、それぞれのルールには優先順位がある。

> 就業規則よりも労働契約のほうが労働者に有利なら、労働契約を優先するよ

> 労働条件などについて、労働組合と使用者が結ぶ約束を労働協約というよ

＜就業規則の変更のポイント＞

労働者に不利益となる変更を使用者は一方的にできるか	変更が合理的であれば、労働者が同意しなくても変更できる

5. 懲戒

　労働者がルールを破ったり、秩序を乱したりしたときに、使用者が労働者にする制裁のこと。懲戒の内容は就業規則に書かれている。訓告・戒告・減給・出勤停止・懲戒解雇など。

＜懲戒の理由になるか＞

事例	懲戒の理由になるか
学歴を高く・低く申告する	なる。信頼関係にひびが入るから
私生活の上での非行	なる場合がある
職場で許可なく政治活動をする	職場の秩序をみだすおそれがあるかどうかで判断

> 使用者が労働者を懲戒したことが、合理性がなく見えて、社会通念上相当といえないときは、懲戒権の濫用になり、懲戒は無効になるよ（労働契約法15条）

6. 解雇

使用者が労働者を一方的に辞めさせること。

<解雇の種類>

普通解雇	労働者が仕事に向いておらず、勤務成績がよくないなど
懲戒解雇	無断欠勤が多いなど、労働者のミスに対する制裁としての解雇
整理解雇	会社の経営不振などによる人員整理としての解雇　例：リストラ
ユ・シ解雇	労働組合に入っていない労働者の解雇を使用者に義務づける。ユニオンショップ解雇

> 解雇は、30日前に予告するか、30日分以上の平均賃金を解雇予告手当として支払うことが必要。労働者を守るためだよ

<解雇権濫用法理>

客観的に合理的な理由がなく、社会通念上相当と考えることができなければ、解雇は無効となる（労働契約法16条）。

> 例えば、アナウンサーが2度も遅刻して生放送に間に合わなかったからといって、すぐに解雇になるわけではなく、他の事情も考慮されるよ。
> 解雇は労働者にとって一大事。簡単には認められないよ

<整理解雇をするための条件>

人員削減の必要性	企業経営上やむを得ないと考えられること
整理解雇以外に手段がない	先に希望退職を募るなど他の手段を取った事実が必要
整理解雇の人選の合理性・正当性	勤務成績を考慮したり、臨時職員の解雇を考えることは合理性がある
手続の妥当性	労働者に対する十分な説明が必要

02 労働法

グループ行動で使用者を
説得しよう

労働組合法

1. 労働組合

労働者が主体となって作るグループ。労働者を守る目的がある。労働条件を良くしてもらうよう、使用者と交渉し、労働協約（合意）を結ぶ。

2条の条件に当てはまるという証拠を労働委員会（労働者の結結を守る目的で作られた労働問題の調整機関）に提出すると、労働組合が不当労働行為（詳しくは次ページ）を受けたときに助けてもらえる。

今働いていない人（失業者）も労働者に含まれるよ

＜労働組合の条件（2条）＞

使用者の利益を代表する人が参加していない	使用者側の人が組合にいると、労働者の地位向上を邪魔するかもしれない
使用者から経費援助を受けていない	使用者から組合活動のために最小限の広さの部屋を使わせてもらっても、経費援助されているとはいえない
労働組合として活動する目的があること	福利厚生、政治・社会運動を目的とするものは認められない

2. 団体交渉

組合の代表者と使用者が労働者の労働条件、待遇などのルールを話し合うこと。

＜団体交渉のポイント＞

誠実交渉義務	使用者は誠実に交渉に応じる義務がある。十分に話し合って意見がまとまらないときは、交渉を打ち切ることができる
組合が複数あるとき	それぞれの組合から団体交渉の申出があれば、使用者はそれぞれの団体交渉に応じなければいけない

3. 争議行為（団体行動）

　組合と使用者の交渉はうまくいかないこともある。そこで、組合が自分たちの言い分を通すためにストライキ（集団で仕事をしない）をする。組合は使用者にプレッシャーをかけることができる。

> 団体交渉の効果を高めるためにストライキは法的に保護されるよ

＜争議行為の法的な保護＞

　仕事をせず会社にいると、労働者は会社に不法侵入となる。労働契約違反により損害賠償責任も生じる。ただ、正当なストライキであれば労働者は責任を負わない。

刑事免責	正当な争議行為であれば違法とならない。ストライキ中、住居侵入罪は成立しない
民事免責	使用者が正当な争議行為で損害を受けても、組合に損害賠償を請求できない
不利益取扱からの保護	使用者は、ストライキに参加した労働者を解雇・懲戒することはできない

> 使用者は、争議行為中は賃金を払わなくていいし（ノーワーク・ノーペイの原則）、ロックアウト（会社を閉鎖）で労働者に対抗できるよ

4. 不当労働行為

　労働組合に対して使用者がするフェアではないこと。労働組合は労働委員会に救済を申し立てることができ、労働委員会は是正命令をする。不法行為（民法709条）として、裁判所に訴えることもできる。

＜不当労働行為の種類とポイント＞

不利益取扱	例えば、組合活動に参加させないように、転勤させる。組合員を出世させる転勤でも不利益取扱になることもある
黄犬契約	使用者が労働者を雇うときに、「労働組合に入らない・抜ける」と約束させること
団体交渉の拒否	正当な理由なく、使用者が団体交渉を拒否すること。誠実ではなく、形式的な交渉しかしないことも拒否に当てはまる
支配介入	組合の結成・運営に使用者が干渉することも支配介入になる
経費援助	使用者が組合の運営費を負担してはいけない。必要最小限の部屋を無料で貸すことは例外的にOK

（　）に当てはまる言葉を答えよう

問　題	答
1 労働時間とは、労働者が（　）にある時間のことをいう。	使用者の指揮監督の下
2 労働時間が6時間を超えるとき、休憩時間は（　）分以上である。	45
3 休憩時間中、使用者は労働者に会社の外へ出てはいけないと命令（　）。	できない
4 賃金は通貨で払わなければならない。賃金の口座振込は（　）。	許される
5 有給休暇は、労働者が使用者に申請して初めて付与（　）。	されるものではない
6 申請された有給休暇が（　）場合、使用者は時季変更権を行使できる。	事業の正常な運営を妨げる
7 労働者が使用者に学歴を低く申告した場合、懲戒の対象に（　）。	なることがある
8 客観的に合理的な理由がなく、社会通念上相当と考えられない場合、解雇は（　）となる。	無効
9 労働組合法上の労働者という言葉には、失業者は（　）。	含まれる
10 労働組合が、使用者から最小限の広さの部屋を与えられた場合、経費援助に（　）。	当たらない
11 団体交渉に関し、使用者には誠実交渉義務がある。形式的に団体交渉に応じることは、誠実交渉義務を果たしていると（　）。	いえない
12 使用者はストライキに参加した労働者を懲戒解雇（　）。	できない
13 正当なストライキのとき、労働者はストライキ中の賃金を受け取ることが（　）。	できない
14 争議行為に対して使用者が講じることができる、事業所を閉鎖する対抗措置を（　）という。	ロックアウト
15 使用者が労働者を雇うときに、「労働組合に入らない・抜ける」と約束させることを（　）という。	黄犬契約

第 2 章

経 済 科 目

科目別出題数の例

試験種別	国家一般職 （大卒）	裁判所	地方上級 （県庁など）	特別区	市役所
ミクロ経済学	10	10	8〜12	10	10
マクロ経済学					
財政学	2	—	2〜3	5	3
経済事情*・経済史	3	—	0〜3	—	—

※出題数は自治体や年度によって変わる場合があります。受験する団体の出題形式を各自で
　チェックしてから、勉強を始めてください。
＊経済事情は、白書などのデータなどから出題され、時事的な要素が強い科目。時事問題の
　対策書などで勉強しましょう。

経済科目 経済科目はこれだけ押さえる!

① ミクロ経済学とマクロ経済学

　有限の資源を効率的に配分するにはどうしたらいいか、財や資源の配分の仕方を研究するのが経済学。

　経済学では、図がたくさん利用される。図の意味がわかれば計算問題の意味もわかりやすくなる。

> まず図に書かれていることを理解して、次に定義などの理論の理解、計算問題を同時に進めていこう

<経済学へのアプローチの方法>

ミクロ経済学	消費者、企業といった個々の経済主体の行動を分析し、この行動を積み重ねて需要と供給という集計量を導き、市場の均衡を考察する さまざまな市場で価格がどのように決定されるかが重要
マクロ経済学	個々の経済主体の合理的行動を前提としつつも、行動の違いにはとらわれず、分析の出発点を消費、投資といった経済全体の集計量に定め、最初から経済全体の動きを分析する 国民所得水準の決定と経済政策が重要

<歴史的な把握>

古典派経済学 (ミクロ経済学)	市場の価格メカニズムを信頼し、需要と供給の不均衡(不一致)は伸縮的な価格の調整機能(価格の変化)により解消される
1929年世界恐慌 (大量に生じた失業者)	古典派の考えでは、失業者が発生しても賃金が調整され、いずれ失業者はなくなるはずが、実際には失業者は長期にわたって存在
ケインズ経済学 (マクロ経済学)	ケインズは、価格の硬直性を前提とした理論を展開。失業対策のために政府が市場に介入し、経済政策を実施することの必要性を提唱

② 経済学で出てくる要注意用語

<限界○○と平均○○>

	限界○○	平均○○
意味	数量が1単位変化したときに、○○がどれだけ変化するか	1単位あたりの○○
	「限界費用」→生産量を1単位増やしたときの、費用の増加分	「平均費用」→1個あたりの費用
求め方	数量で微分する $\dfrac{\Delta○○}{\Delta数量}$ （微分の計算方法はP123参照）	数量で割る $\dfrac{○○}{数量}$ 10個生産したときにかかった費用が200円の場合→平均費用は20円
用語例	（ミクロ）限界効用、限界費用、限界収入、限界生産力	（ミクロ）平均費用、平均可変費用、平均固定費用
	（マクロ）限界消費性向、限界貯蓄性向、限界輸入性向、投資の限界効率	（マクロ）平均消費性向、平均貯蓄性向

「限界（marginal）」は、一般的な意味とはだいぶ違うね。「xが1増えたときのyの増加分」を意味するので、グラフのある点の「傾き」を示しているよ

一番重要な概念は「需要の価格弾力性」だよ！（P134）

<弾力性>

	「○○の△△弾力性」
意味	△△が変化したときに、○○はどれくらい変化しやすいか（反応するか）を示す値
用語例	（ミクロ）需要の価格弾力性、需要の所得弾力性、供給の価格弾力性 （マクロ）投資の利子弾力性、貨幣需要の利子弾力性

①均衡点

経済学では図のように2つのグラフの交点や接点を均衡点、縦軸や横軸とグラフが接する点を切片と呼ぶ。この値がわかるとグラフが数式でも表せる。

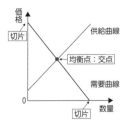
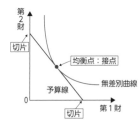

②傾き

直線の場合の傾きは、横軸と直線の作る角度で示される。

曲線の場合の傾きは、任意の点において接線を引いた場合の接線の角度で示される。

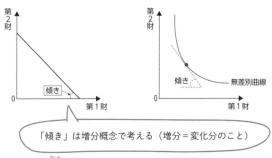

「傾き」は増分概念で考える（増分＝変化分のこと）

増分（変化分）は $\overset{\text{デルタ}}{\Delta}$ をつけて表せる。傾きは変化分の分数で表す。

（例）　$\dfrac{\Delta Y}{\Delta X}$（$X$が変化したとき、$Y$がどれくらい変化するか）

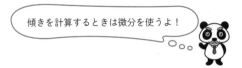

傾きを計算するときは微分を使うよ！

④ 経済学で必要な計算

因数分解	たし算・ひき算で表された数式を、かけ算の形に変形すること $X^2+bX+c=0$ → $(X+a)(X+\beta)=0$ $a+\beta \Rightarrow b$、 $a \times \beta \Rightarrow c$ となる。$X=-a$、$-\beta$ （例）$X^2+X-2=0$ 　　　$(X+2)(X-1)=0$　　$X=-2$、1 経済学の計算では数量を求めるときに使用するので、答えのうち、プラスの値のほうが重要
変化率	変化率は、もとの値に比べて何パーセント変化したかを示す ＜財の価格（P）が100円から120円に変化した場合＞ 価格（P）の変化率＝$\dfrac{\Delta P}{P}=\dfrac{20円}{100円}=0.2$ （20%） 変化分ΔPは120－100＝20 （円）
微分	傾きを求めるときに使用する （微分の計算法則）　　「微分」は計算問題対策として重要！ ①微分する未知数の指数を前にもってきて、係数をかける ②指数から1を引く ③0乗は1 ④定数（変化しないもの）の微分は0

＜微分の計算方法＞

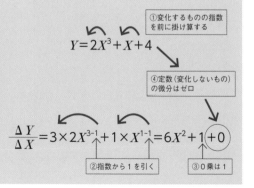

例題1　$Y=2X^3+X+4$ （Yの式をXで微分する）

解説

この式は、YがXの値によって変化することを示す。Xが1単位変化したときに、Yがどれくらい変化するかを見る場合に「微分」を使用する。

※Yの式をXで微分することを、$\dfrac{\Delta Y}{\Delta X}$で示す。

$\dfrac{\Delta Y}{\Delta X}=6X^2+1$

①変化するものの指数を前に掛け算する

$Y=2X^3+X+4$

④定数（変化しないもの）の微分はゼロ

$\dfrac{\Delta Y}{\Delta X}=3\times2X^{3-1}+1\times X^{1-1}=6X^2+1(+0)$

②指数から1を引く　③0乗は1

例題2 $U=2X^3 \times 4Y$ （Uの式をXで微分する）

解説

$$\frac{\Delta U}{\Delta X}=3 \times 2 \times X^{3-1} \times 4Y=6X^2 \times 4Y=24X^2 Y$$

$4Y$はXの変化に影響を受けないが、掛けているので、Xの変化に伴いUは$4Y$の影響を受ける。従って、そのまま掛け算をする。

<微分を利用するのはどんなとき>

① 「傾き」を求める場合

$P=10-2D$という直線の傾きを求める場合、Pの式をDで微分すればよい。

$$\frac{\Delta P}{\Delta D}=\frac{\Delta(10-2D)}{\Delta D}=-2$$

② 「限界○○」を求める場合

$U=X^2Y^2$　という効用関数があるときXの限界効用を求める。Xの限界効用は、U（効用）をXについて微分すれば求められる。

$$\frac{\Delta U}{\Delta X}=2X^{2-1} \times Y^2=2XY^2$$

③ 「最大値、最小値」を求める場合

曲線の式を数量で微分して、＝0とおいて計算すると最大値、最小値が求まる。

図で最大、最小の傾きはゼロなので「＝0」とするよ！

「Yの式をXで微分して、答えをゼロ」と置く。

$Y=X^3-9X^2+24X$

$$\frac{\Delta Y}{\Delta X}=3X^2-18X+24=0$$

因数分解すると、

$3(X-2)(X-4)=0$

$X=2$、4

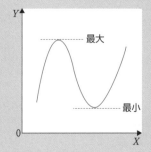

最大

最小

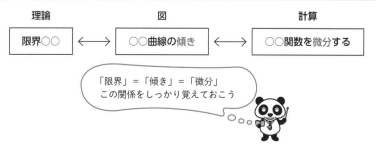

理論		図		計算
限界○○	⟷	○○曲線の傾き	⟷	○○関数を微分する

「限界」＝「傾き」＝「微分」
この関係をしっかり覚えておこう

〈微分を問題でチェック〉

①傾きを求める

例題 ある財の市場において、需要曲線が $P=80-4D$ となっている。このとき、需要曲線の傾きはいくらになるか（P:価格、D:需要量）。

解説 需要曲線をDについて微分すると、

$$\frac{\Delta P}{\Delta D}=\frac{\Delta (80-4D)}{\Delta D}=-4 \qquad 傾きは-4となる。$$

②限界効用を求める

例題 効用関数が、$U=X^2+Y^2$のとき、X財とY財の限界効用はいくらか（U：効用、X：X財の消費量、Y：Y財の消費量）。

解説 X財の限界効用$=\dfrac{\Delta (X^2+Y^2)}{\Delta X}=2X$

Y財の限界効用$=\dfrac{\Delta (X^2+Y^2)}{\Delta Y}=2Y$

③最大値を求める

例題 効用関数が、$U=50X-2X^2$のとき、効用最大時のX財の消費量はいくらか（U：効用、X：X財の消費量）。

解説 効用最大のX財の消費量は$\dfrac{\Delta U}{\Delta X}=0$である。

$$\frac{\Delta U}{\Delta X}=\frac{\Delta (50X-2X^2)}{\Delta X}=50-4X$$

$50-4X=0$より、$4X=50$ $\qquad X=12.5$

ミクロ経済学のかんどころ

重要度 ★★★★★
難　度 ★★★★

ミクロ経済学のポイント

- 経済主体（消費者と生産者）一人ひとりの行動を分析する
- 「消費者理論」「生産者理論」「市場理論」からなる
- 消費者は「効用（満足度）」を、生産者は「利潤（もうけ）」を追求して行動する
- 計算問題も頻出。計算自体は簡単なので、解く手順を暗記しておこう

★→よく出る　計算→計算問題が出る

消費者理論…消費者は効用（満足度）を求めて消費する！

- 消費者均衡（最適消費点）（P128）…
  一番満足できる買い方は？

線が接したここ
が一番幸せ！

- 上級財、下級財★
  代替効果・所得効果（P132）…
  消費財ごとの特徴って？

- 需要の価格弾力性（P134）…価格変化で、需要はどう変わる？

TICKET

学割って
ずるい！

学生は値引で客数が増えま
す。価格に敏感で価格弾力
性が高いんです

支配人

生産者理論…消費者は効用(満足度)を求めて消費する!

- **費用曲線 (P136)** …費用にはどんな種類がある?
  - 利潤最大の生産量の決定 (P137) [計算]
  - 損益分岐点・操業停止点 (P138) ★[計算]…利潤の出るラインと赤
    字ライン
  - 長期費用曲線 (P139) …長い目で見れば、固定費用はない?

価格が安くて利益が出ない、廃業か…

在庫の山

市場理論…市場において、価格はどうやって決まるの?

- **市場の形態 (P140)** …市場の種類は?
  - 完全競争市場、独占市場、独占的競争市場、寡占市場

- **市場のメカニズム (P143)** …
  効率的な資源配分ができる市場は?
  - パレート最適…最も効率的な資源配分
  - 余剰分析…
    完全競争市場は余剰(=お得)が最大になる
  - 平均費用逓減産業…独占が起こりやすい
  - 市場の安定性…価格が均衡しない市場?

- **貿易理論 (P147)** …貿易で市場はどうなる?

貿易で社会の「余剰
(利益)」が増える!

攻略のコツ

◎ **各理論では、何を優先するのかをチェック**
- 消費者は、予算制限の中で、最大の効用(満足度)を目指す
- 生産者は利潤の追求が最優先。完全競争市場での限界費用(1個余
  分に作るときの増加費用)と価格による、企業の行動の変化を確認
- 市場では「価格がどう決まるか」が重要。完全競争市場では余剰(お
  得)が最大になる。独占や市場の失敗によって、余剰が失われる

◎ **グラフの意味をしっかり理解しよう**
- 計算自体は簡単。そのグラフが何を意味していて、どの数値を使う
  のかチェック。傾きを求めるには微分を使う。P123で復習しよう!

01 ミクロ経済学

いちばん満足できる買い方は？

消費者理論

1. 最適消費の決定方法

最大の満足を得るのが最適な消費

●**消費者行動**…効用（消費したときの満足度）が最大になるように消費行動する。

【試験での出題】 2財をいくら消費するか？➡ 最適消費量を求める

〈基本問題〉 次の2つのアプローチで解く

①無差別曲線分析	図で消費量を求める。無差別曲線と予算線の接点（P129）
②限界効用分析	計算で消費量を求める。加重限界効用均等の法則と予算制約式から消費量を計算する（P130）

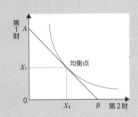

無差別曲線分析の均衡点における各財の消費量（X_1、X_2）が効用最大の消費量。これを計算で求めるのが限界効用分析

〈応用問題〉 計算問題として出題（P131）

①異時点間の消費	若年期と老年期でどのように消費すれば効用は最大となるか
②最適労働時間	余暇と労働の時間をどのように分ければ効用は最大となるか

【共通の解法】 限界効用がゼロとなる量を求める（P131）

　限界効用は、1単位追加したときに得られる効用の増加分なので、追加しても効用がこれ以上増えない場合に効用最大となる。

効用の最大値は効用関数の傾きがゼロとなるよ！

※計算問題は必ず「効用関数」（効用を決める式）が与えられているので、これを微分して（微分をすると限界効用となる）その式を＝0と置いて計算する

	無差別曲線	予算線
定義	効用水準（満足度）が一定になる2つの財の組合せ	一定の支出で購入可能な財の組合せ
性質	①右下がりの曲線 ②原点に対して凸 ③交わらない ④原点から遠ざかるほど効用水準は高くなる ⑤無数に存在する	①1つだけ存在 ②直線 ③傾きは財の価格比に等しい

手持ちの財が偏っているとより少ないほうが欲しくなるね。
物1個あたりの喜びの量は変化するよ

図	1財ばっかりだから2財が欲しい 無差別曲線 2財ばっかりだから1財が欲しい 傾き 2財を1増やすときに手放してもいい1財の個数	予算線 傾き
	傾きは「限界代替率」 $$-\frac{\Delta X_1}{\Delta X_2} \quad (Xi：i 財の数量)$$	傾きは「財の価格比」 $$\frac{P_2}{P_1} \quad (Pi：i 財の価格)$$
最適消費点	予算制約の範囲内で最も高い効用をもたらす財の組合せは予算線上の無差別曲線と接する点 （均衡条件） $$-\frac{\Delta X_1}{\Delta X_2} = \frac{P_2}{P_1}$$ 限界代替率＝財の価格比 財の番号を表す添え字が、分子分母が逆になっていることに注意！	均衡点

限界効用（1個あたりの満足度の増加分）が等しいとき、効用（満足度）が最大となる。

①加重限界効用均等の法則 （1円あたりの限界効用がすべての財で等しいこと）	$\dfrac{MU_1}{P_1} = \dfrac{MU_2}{P_2}$　MUi：i財の限界効用、Pi：i財の価格 ※MUiは効用関数をXiで微分したもの 「加重」は「1円あたりの〜」と理解しよう。2つの財を消費するとき、効用（満足度）が最大になるのは各財の限界効用が等しいときなんだ
②予算制約線	$P_1 \times X_1 + P_2 \times X_2 = Y$　（Y：所得） 一定の所得で最大限購入できる状態を示しているよ

<最適消費量の計算>

例題　効用関数が、$U = X^2 \times Y^2$のとき、効用最大時のX財とY財の消費量はいくらか。ただし、X財の価格は1、Y財の価格は2、所得は12である。

解説　①各財の限界効用を求める。

$$X財の限界効用 = \frac{\Delta\,(x^2 \times y^2)}{\Delta x} = 2xy^2$$

$$Y財の限界効用 = \frac{\Delta\,(x^2 \times y^2)}{\Delta y} = 2x^2 y$$

②各財の1円あたりの限界効用を等式で結ぶ。

$$\frac{2xy^2}{1} = \frac{2x^2 y}{2}$$

$$2y = x \quad \cdots \quad (1)$$

③所得制約式を求める。

$$12 = x + 2y \quad \cdots \quad (2)$$

④(1)と(2)を連立して未知数を求める。

$$x = 6、\ y = 3$$

X財の消費量は6、Y財の消費量は3となる。

4. その他の効用分析（計算問題）　パターンを押さえよう

●異時点間の消費…若年期と老年期でどのように消費すれば効用は最大となるか。

> **例題**　所得をすべて今期の消費（C_1）と来期の消費（C_2）に支出する消費者の効用関数が$U=C_1C_2$で示されるものとする。今、この消費者の今期の所得を100万円、来期の所得を0円とし、また、消費者は8％の利子率で貯蓄が可能であるとしたとき、来期の消費（C_2）はいくらになるか。

> **解説**

(万円)

	所得	消費	貯蓄	利子
今期	100	C_1	$100-C_1$	$0.08(100-C_1)$
来期	0	C_2		

来期の消費C_2＝貯蓄×利子＝$1.08(100-C_1)$となる。

$U=C_1C_2=C_1\times1.08(100-C_1)=108C_1-1.08C_1^2$

Uの式をC_1で微分して0とおくと、$108-2.16C_1=0$

$C_1=50$、$C_2=1.08(100-50)=54$。　来期の消費は54万円となる。

> 最大値＝傾きがゼロ

●最適労働時間…余暇と労働の時間をどのように分ければ効用は最大となるか。

> **例題**　ある人の効用関数Uが次式で示されている。余暇時間のほかは、すべて労働時間であり、労働時間1時間あたりの賃金率は1万円であるとする。この人がその効用を最大にするように行動するとき、1日の労働時間として、正しいのはどれか。
> $U=44L+LY-L^2$（L：1日あたりの余暇時間、Y：1日あたりの所得）

> **解説**　所得＝労働時間×賃金率＝（24時間－余暇時間）×賃金率
>
> $Y=(24-L)\times1\cdots$①
>
> 効用関数に、①を代入する。
>
> 1日は24時間
>
> $U=44L+LY-L^2=44L+24L-L^2-L^2=68L-2L^2$
>
> 効用最大になる余暇Lを求めるため、効用Uを余暇Lで微分して0とおく。
>
> 最大値＝傾きがゼロ
>
> $\dfrac{\Delta U}{\Delta L}=68-4L=0$　　　$L=17$
>
> したがって、労働時間＝$24-L=24-17=7$。

上級財、下級財→所得が変化したときの数量の変化で定義される。

上級財	所得増加（減少）→需要量増加（減少）
	例：必需品（コメ、衣服など）、ぜいたく品（車、宝石など） その他、所得が増えたとき購入する物は上級財 「所得と需要量が同じ増減の動きをする」と覚えよう
下級財	所得増加（減少）→需要量減少（増加）
	例：バターに対するマーガリン 安さを理由にマーガリンをパンに付けていた人は、所得が増えると美味しいバターに替えるため、マーガリンの需要量は減少する。マーガリンのような財は下級財

「所得と需要量が逆の増減の動きをする」

＜所得と財の性質の関係＞

所得が増加すると予算線は右に平行移動する

●**所得消費曲線**…所得が変化したときの均衡点を結んだ線。形状で財の定義ができる。

必需品の場合

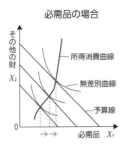

奢侈品の場合

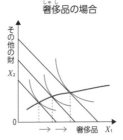

下級財の場合

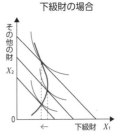

所得が増加しても消費量はそれほど増えない 例：コメ、ティッシュペーパー	所得が増えるとその他の財よりも消費が増える 例：タクシー、パソコン	ある水準以上に所得が増えると消費量が減る 例：バターに対するマーガリン

必需品と奢侈品（ぜいたく品）は上級財だよ！

6. 代替効果・所得効果　値下げで満足と需要のバランスが変わる？

　ある財の価格が変化したときの均衡点の変化（価格変化の効果）を分解して、財の特徴を見たもの。

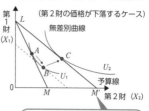

価格変化の効果 ＜ ＞実質所得の変化→所得効果
　　　　　　　＞相対価格の変化→代替効果

＜価格が下落したときの効果＞

① 実質所得が上昇
② 2財の価格比（相対価格）が変化

第2財の価格が下がって、買える量が増えたね

① 実質所得の変化が数量に及ぼす影響を見るのが所得効果（右上図の破線上で前の無差別曲線に接する点 B から新しい均衡点 C への動き）。
　➡上級財、下級財（P132)が定義できる。

② 相対価格の変化に注目し、以前と同じ効用を得るための数量変化を見るのが代替効果（点 A から点 B への動き。前と同じ無差別曲線上の動きであることに注意）。

	ある財の価格が下落（上昇）したときの需要量の変化	
代替効果	つねにその財の需要量は増加（減少）　上図 A→B	安いから買うよ！
所得効果	（上級財）その財の需要量は増加（減少）　上図 B→C （下級財）その財の需要量は減少（増加）	実質所得は上がっているよ
価格効果 （所得効果 ＋代替効果）	最終的に需要量が増加（減少） ※ギッフェン財：下級財の一種。価格が下落すると需要量が減少する。該当する財はめったにない。価格下落による代替効果（需要増）を所得効果（需要減）が上回る。需要曲線は右上がり	

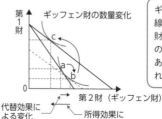

ギッフェン財は需要曲線が右上がり（通常の財は右下がり）。所得のほとんどをその財にあてている場合に見られる現象だよ

7. 需要の価格弾力性

<定義>

ある財の価格が１％変化したとき、その財の需要量が何％変化するかを表したもの。

$$-\frac{需要量の変化率}{価格の変化率} = -\frac{\frac{\Delta x}{x}}{\frac{\Delta p}{p}} = -\frac{\Delta x}{\Delta p} \times \frac{p}{x}$$

（計算問題対策）
$\frac{\Delta x}{\Delta p}$は$x=$〜の式を$p$で微分する。$\frac{p}{x}$は測る点の座標を入れる

（Δx＝需要量の変化分、Δp＝価格の変化分、x＝需要量、p＝価格）

> 弾力性は「変化率と変化率の比率」であることに注意。
> 定義式の前にマイナスがついているのは、値を比較しやすいように正の値にするためなんだ

値	財の性質	需要曲線の傾き	価格を下落（上昇）させた場合の消費者の支出額の変化
１より大	弾力的	緩やか	支出額増加（減少）
１より小	非弾力的	急	支出額減少（増加）

> 弾力的な財は、割引した分以上に売上が増えるんだね（学割がある理由）

<需要曲線上の弾力性の値>

同じ需要曲線上でも、測る位置によって弾力性の値は異なる。直線の場合、中点（M）が１で価格が下がるにつれて弾力性は小さくなる。

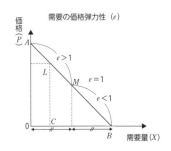

需要の価格弾力性（e）

<需要の価格弾力性の値が変わらない特殊なケース>

直角双曲線は価格と需要量の積が一定になるような曲線。

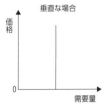

垂直な場合

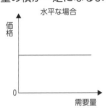

水平な場合

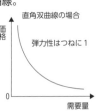

直角双曲線の場合

弾力性はつねに１

ミクロ経済学
生産者理論

> 企業が最大の利益を出す方法は？

1. 生産者行動

> 「利潤＝収入－費用」

　生産者は利潤を最大にするように行動する。そのため、最小の費用で生産物を作り、利潤が最大となる生産量を決めていく。

●生産関数…生産要素の投入量と生産量との技術的な関係。

$$Y = f(x_1,\ x_2) \qquad (Yは産出量、x_1、x_2は生産要素)$$
※Yは生産要素x_1とx_2でできるという意味

●限界生産力…他の生産要素投入量が一定の場合に、ある生産要素を1単位追加して得られる生産量の増加分。

＜限界生産力逓減の法則＞

　ある生産要素の投入量を増加させていくとき、その生産要素の限界生産力が次第に小さくなる。

> 「限界」がついているので生産力曲線の傾きを表すよ。一定水準を超えると生産効率は落ちるんだね

（図：生産力曲線　縦軸 Y、横軸 生産要素1（X_1）、点 a）

●コブ＝ダグラス型生産関数…企業が資本Kと労働Lを用いて、財Yをどれだけ生産できるかを示す。

$$Y = AK^\alpha L^{1-\alpha}$$

> 古典派を代表する生産関数。性質が重要だよ

（Y＝生産量、K＝資本量、L＝労働量、Aおよびαは正の定数で$0<\alpha<1$）

＜性質＞

①規模に関して収穫不変（1次同次の生産関数ともいわれる）
　すべての生産要素をN倍すると、生産量もN倍となること

> コブ＝ダグラス関数ではいつも不変

　指数でわかる　　　　　　［不変］→指数を合計すると1になる
　規模に関しての収穫〈　［逓増］→指数を合計すると1より大きくなる
　　　　　　　　　　　　　［逓減］→指数を合計すると1より小さくなる

②要素分配率は指数の値でつねに一定
　企業が生産して得た売り上げは、労働L、資本K（設備等）の投入に指数の割合（α、$1-\alpha$）で分配される

③代替の弾力性は1
　労働と資本の代替性が完全であること。例えば、労働賃金が1％高まったら、安い資本に替えて資本（設備）を1％増加すれば同じ生産量が可能ということ

●総費用（C）　　＝可変費用（VC）＋固定費用（FC）
　(Total Cost)　　　　(Variable Cost)　　(Fixed Cost)

●平均費用（AC）＝平均可変費用（AVC）＋平均固定費用（AFC）
　(Average Cost)　　(Average Variable Cost)　(Average Fixed Cost)

●限界費用（MC）＝１単位増加したときの総費用の増加分を示す。計算上は数
　(Marginal Cost)　　量で微分する

	計算式（Xは生産量）	図での理解
平均費用（AC）	$\dfrac{C}{X}$	原点から総費用曲線のある点に伸ばした直線の傾き
平均可変費用（AVC）	$\dfrac{VC}{X}$	縦軸の切片から総費用曲線のある点に伸ばした直線の傾き
限界費用（MC）	$\dfrac{\Delta C}{\Delta X}$	総費用曲線のある点の傾き AC、AVCの最低点を通る

形状はすべてU字形。最下点の順番を覚えよう！

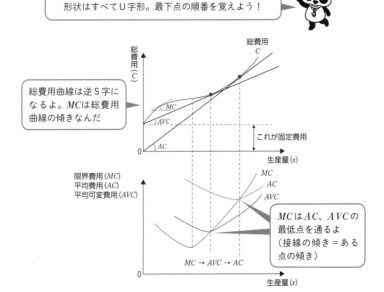

総費用曲線は逆S字になるよ。MCは総費用曲線の傾きなんだ

これが固定費用

MCはAC、AVCの最低点を通るよ（接線の傾き＝ある点の傾き）

$MC \rightarrow AVC \rightarrow AC$

生産量（x）

3. 利潤最大の生産量決定の均衡条件　価格×生産量＝収入

●総収入（R）＝価格（P）×生産量（X）

●限界収入（MR）⇒1単位増加したときの収入の増加分。総収入曲線の傾きを示す。総収入曲線の式を数量で微分する。完全競争市場では価格（P）と同じ。

$$MR=\frac{\Delta R}{\Delta X}=\frac{\Delta(R\times X)}{\Delta X}=P$$

完全競争市場の場合⇒価格はどの生産量でも一定（市場で決まった価格でしか売れない）
→限界収入（MR）＝価格（P）

> 利潤最大の生産量は、価格（P）＝限界費用（MC）で決定
> $P>MC$ ⇒生産を増やしたほうが利潤は増える
> $P=MC$ ⇒生産を増減しても利潤は増えない（利潤最大）
> $P<MC$ ⇒生産を減らしたほうが利潤は増える

4. 利潤の表し方　収入－費用＝利潤

利潤＝収入－費用

（図の見方）
①$P=MC$でX^*利潤最大の生産量が決定
②X^*の生産量で収入は、$P\times X^*$
③X^*の生産量で費用は、$AC\times X^*$
④利潤は　　　　　部分

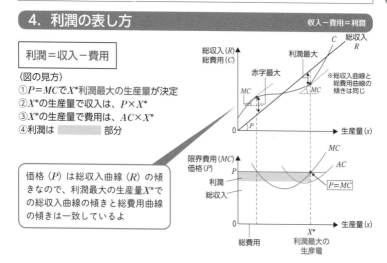

> 価格（P）は総収入曲線（R）の傾きなので、利潤最大の生産量X^*での総収入曲線の傾きと総費用曲線の傾きは一致しているよ

　限界費用曲線はU字形なので、$P=MC$となる点は2つある。しかし、左の点は費用曲線の方が上方にあり費用＞収入となっている。この点は赤字が最大となっている。

> 利潤最大の生産量は、限界費用曲線が右上がりの部分であることを確認しよう

5. 損益分岐点と操業停止点 　　　赤字でも生産を続ける場合とは？

損益分岐点	それ以下に価格が下がると、企業の利潤は負になる、つまり損失が発生してしまう臨界的な点 ACの最低点またはACとMCが交わる点
操業停止点	それ以下に価格が下がると、企業にとっては生産活動を停止したほうが望ましい点 AVCの最低点またはAVCとMCが交わる点

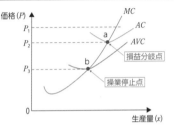

AC	：平均費用
AVC	：平均可変費用
MC	：限界費用
P	：価格
X	：生産量

<価格の変化と損益の状態>

価格（上図参照）	状態
P_1	収入＞費用　　利潤が発生
P_2	収入＝費用　　利潤ゼロ。損益分岐点（a点）
P_2とP_3の間	収入＜費用　　損失（赤字）発生 しかし、生産を続けることで、固定費用の一部を回収できている。生産を続ける
P_3	収入＜費用　　損失（赤字）発生 固定費用部分も回収できない。生産を止める操業停止点（b点）

長期の場合には固定費用がないので、損益分岐点と操業停止点は一致するよ

<計算問題対策>
操業停止点の計算
AVCとMCの式を連立して求める。

操業停止点は2次方程式で解けるので先に計算しよう

6. 長期費用曲線　　　　　　　長い目で見ると固定費用がなくなる？

短期	一部の生産要素の投入量は変えられるが、すべての生産要素の投入量を変えることができるほど長くない期間。固定費用が存在する
長期	あらゆる生産要素（工場など）を可変的要素とみなせる期間。固定費用は存在しない

①長期総費用曲線（LTC）は、短期総費用曲線（STC）の包絡線（すべての線に接する線）。

②長期平均費用曲線（LAC）は短期平均費用曲線（SAC）の包絡線。

③SAC_1とLACとの接点Aに対応する生産水準X_1で、短期限界費用（SMC_1）と長期限界費用（LMC）は等しくなる。

④LMCはLACの最低点を通る。長期供給曲線は、下図のC点より上の長期限界費用曲線の部分。

⑤長期における均衡点はLACの最低点（C点）で示され、X_2のときに$P＝LMC＝LAC＝SMC＝SAC$が成立。

＜長期均衡と企業数＞

完全競争市場の長期均衡では、新規参入と退出が等しいため、企業数が確定する。企業は利潤がゼロとなる点（損益分岐点）で生産を行い、ここでは、$P＝MC＝AC$が成立している。

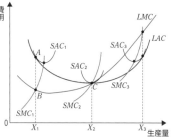

＜計算問題対策＞

長期均衡における企業数は市場全体の需要量を1企業あたりの生産量で割ることによって計算できる。

例題　すべての企業の費用関数が$C＝4x^2＋64$（C：費用、x：1企業あたりの生産量）、また、社会全体の需要曲線が$X＝80－P$（X：需要量、P：価格）で示されるとき、長期均衡における企業の数はいくつか。

解説　限界費用（MC）は$\Delta C／\Delta x＝8x$、平均費用（AC）は$C／x＝4x＋64／x$

$AC＝MC$より、$8x＝4x＋64／x$　$x^2－16＝0$　$(x－4)(x＋4)＝0$

$x＝4$（$x＞0$より）したがって、1企業あたりの生産量は4。

市場価格は損益分岐点の価格となるから、$P＝MC＝8×4＝32$

これを社会全体の需要曲線に代入し、社会全体の取引量を求める。

$X＝80－32＝48$

長期均衡における企業数は、$48÷4＝12$　　　企業数は12となる。

ミクロ経済学

市場では価格はどう決まるの
だろう

市場理論

1. 市場の形態

形態によって均衡条件が違う！

競争状態	企業数	製品分化の程度	例
完全競争	多数	製品は同一	農産物、水産物
独占的競争		製品分化あり	小売商品、レストラン、ホテル
寡占	少数		カメラ、ビール、乗用車、家電
完全独占	単一	製品は単一	ガス、水道、電気

2. 独占における利潤最大の均衡条件

限界費用＝限界収入

● 限界収入（MR）⇒ 1単位増加したときの収入の増加分。総収入曲線を微分することで計算できる。

> 完全競争市場では$MR = P$（価格）だったけど、独占市場では違うよ！
> 独占市場だと、その企業の生産量が直接市場価格に影響するからだね

<需要曲線が直線の場合>

限界収入曲線は需要曲線の2倍の傾きをもつ曲線となる。

例：需要曲線：$P = 10 - X$
総収入（R）＝価格（P）×数量（X）
$= (10 - X) \times X = 10X - X^2$
限界収入（MR）$= \Delta R / \Delta X$
$= \Delta(10X - X^2) / \Delta X = 10 - 2X$

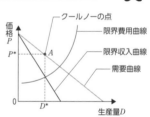

①生産量の決定（D^*）

$$\underset{\text{（限界費用）}}{MC} = \underset{\text{（限界収入）}}{MR}$$

> コストと利益の増加分が等しくなるまで作り続けるんだね。
> 生産量と価格の決定が同じ点ではないことに注意！

②価格決定（P^*）

利潤最大の生産量に対応した需要曲線上の点（クールノーの点）

<独占的競争における利潤最大の均衡条件>

● 独占的競争…製品の差別化があるため価格は一定ではない。
需要曲線は右下がり。独占と同じように$MR \neq P$となる。

・独占的競争市場の価格決定

$MC = MR$であり、かつ AC（平均費用）$= P$（価格）

●超過利潤…正常利潤を上回る利潤。これがあると企業が参入してくる。

> 超過利潤の存在（図1 $PQBA$）→新規企業が参入
> →需要の一部が新規参入企業に奪われる
> →個別需要曲線が下方シフト（図2）
> →超過利潤がゼロとなる点で参入は止まる⇒産業均衡の状態

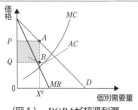 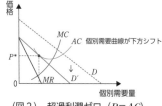

（図1） $PQBA$が超過利潤　　（図2）　超過利潤ゼロ（$P=AC$）

※独占的競争の均衡条件では「超過利潤がゼロ」と覚えよう！

3. 寡占と複占

独占との違いを押さえよう

●寡占市場…財を生産する企業が数社である市場。
●複占市場…寡占市場の中で2社のみが存在する市場。
利潤最大の生産量の決定：限界費用（MC）＝限界収入（MR）

> 利潤最大の生産量の決定条件はどの市場も一緒だよ！

＜クールノー均衡（クールノーモデル）＞
●クールノー均衡…2つの企業が、互いに相手の生産量を一定と考えたときに成立する均衡のこと。
●反応関数…他企業の生産量を一定としたときの利潤最大の生産量を示す。

企業2がAだけ生産→
企業1は生産量Dを決定→
企業2は生産量をBに切り替え→
企業1は生産量Eに変更→
この繰り返しで点Pに落ち着く。

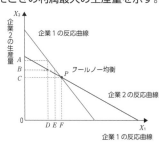

　両社の反応曲線の交点（P点）がクールノー均衡で、企業2はC、企業1はFの生産量を決定。

<計算問題対策>
①需要曲線からMR曲線をつくる
②費用曲線からMC曲線をつくる
③利益最大化条件$MC=MR$から反応関数を求める
※MCは費用関数を微分して、MRは需要曲線の傾きを2倍して求める（P140参照）

例題　ある財の市場において需要曲線が、

$$D=10-P \quad [D：需要量　P：価格]$$

で示され、2つの企業がこの財を供給するものとする。
2つの企業の費用関数は同一であり、

$$C=x^2 \quad [C：総生産費　x：生産量]$$

で示される。クールノー均衡におけるこの財の価格はいくらか。

解説　企業1と企業2の生産量をx_1、x_2とおく、
市場全体の生産量：$X=x_1+x_2$
需要量$D=$生産量Xと同じ
需要曲線：$P=10-X=10-(x_1+x_2)$
需要曲線の式を、「$P=\sim$」に置き換える（限界収入曲線は需要曲線の傾きを2倍したもの）となる。
利潤最大の生産量は$MC=MR$（P141参照）

〔企業1の反応曲線〕	〔企業2の反応曲線〕
限界収入$MR_1=10-2x_1-x_2$ ※傾きを2倍にするのはx_1の部分だけ 限界費用は両社共通で、総費用$C=x^2$より、 　$MC_1=2x_1$ 　企業1の利潤最大化条件：$MC=MR$より、 　$10-2x_1-x_2=2x_1$ 　$4x_1+x_2-10=0$　　…① 　（企業1の反応曲線）	限界収入$MR_2=10-x_1-2x_2$ ※傾きを2倍にするのはx_2の部分だけ 限界費用は両社共通で、総費用$C=x^2$より、 　$MC_2=2x_2$ 　企業2の利潤最大化条件：$MC=MR$より、 　$10-x_1-2x_2=2x_2$ 　$x_1+4x_2-10=0$　　…② 　（企業2の反応曲線）

①、②を連立
　$4x_1+x_2-10=x_1+4x_2-10$
　　$x_1=x_2$　　①に代入して、
　$x_1=2$
　　$x_1=x_2=2$　…③
③を、需要曲線$P=10-(x_1+x_2)$に代入する。
　$P=10-(2+2)=6$
価格は6となる。

04 ミクロ経済学

効率的な資源配分って？

市場の失敗とパレート最適

1. 完全競争市場とパレート最適　　2人が最大の満足を得るには？

●完全競争市場…パレート最適な資源配分を実現する。

パレート最適	ある個人の効用（満足）を損なうことなく、他の個人の効用を増加させることができない状態。最も効率的な資源配分状態を示す概念。効率性を測る概念で資源配分の公平性を測るものではない。図では、エッジワースのボックスダイアグラムが問題でよく利用される
市場の失敗	パレート最適が達成されない状況（最適資源配分が達成されない）。市場の失敗の例→独占、外部効果、公共財、平均費用逓減産業など 市場の失敗では、外部効果と平均費用逓減産業がよく出るよ！
パレート改善	他の経済主体の効用を損なわずに、ある経済主体の効用を高める動き。少しでもパレート最適な点に近づければパレート改善

「最適」と「改善」の用語の使われ方に注意しよう

<エッジワースボックス>

　2種類の財をX、Yの2人で分配するときのダイアグラム。O_XはXの原点、O_YはYの原点、PP線は契約曲線を示す。各人の原点に向かって無差別曲線が描かれている。

　B点はパレート最適→両者の無差別曲線が背中合わせで接している（一方の効用増加は他方の効用を減少させる）。

●契約曲線（PP）…パレート最適点をすべて結んだもの。

契約曲線上の点はすべてパレート最適となっているよ！

<パレート改善になるかどうか>

点の変化	パレート改善	判別方法（同じ無差別曲線上では効用は同じ）
A点→B点	○	Xの効用不変。Yの効用増加
A点→D点	○	Yの効用不変。Xの効用増加
A点→C点	○	X、Yの両方の効用が増加
B点→C点	×	Xの効用増加。Yの効用減少。両方パレート最適

●余剰…消費者・生産者が得た部分（生活が豊か
　になる厚生の大きさを表す）。
●**消費者余剰**…価格より上で需要曲線より下の面積。
●**生産者余剰**…価格より下で供給曲線より上の面積。

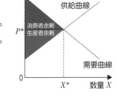

<考え方>
　右図では、X^*単位すべてをP^*の価格で購入（販
売）できている。X^*より少ない量では、消費者はもっ
と高く買ってもよい（生産者は安く売ることもできる）と考えていたのでそ
の分得をしていることになる。

　完全競争市場で、社会的余剰（消費者余剰＋生産者余剰）は最大となる。
市場の失敗（P143）があると余剰は小さくなる。

●外部効果…ある経済主体の経済活動が、市場を介さずに、他の経済主体の
　経済活動に及ぼす影響（よい影響→外部経済、悪い影響→外部不経済）。
　　　　　　　　　　　　　　　　　　　　　　　典型例は公害

<外部不経済（公害）の余剰分析>

私的限界費用 （企業の限界費用）	公害処理費用を負担し ないため低い
社会的限界費用	公害処理費用を社会が 負担するため、費用は 私的限界費用より高い

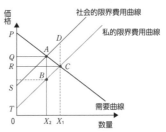

①私的限界費用の場合（生産量はX_1）
　総余剰＝△PTC－□$STCD$＝△PSA－△ACD
　　　　　　　　　（公害費用）

②公害発生企業に税金をSTだけ掛けた場合
　➡社会的限界費用曲線（生産量はX_2）
　総余剰＝△PSA
　総余剰は△ACDだけ増えることになる

> 公害という市場の失敗（外部不経済）によって
> △ACD部分だけ総余剰が少なくなっていることに注意！

3. 平均費用逓減産業

独占市場になりやすい

生産活動に巨額の固定費用が必要とされる産業（電力、ガス、上下水道、電気通信、鉄道など）では、平均費用が生産量の広い範囲において逓減（減少）する。

初期投資のコストが高く新規参入が起こりにくいため、自然に独占や寡占が形成される傾向がある。そのため政府が介入し価格規制を行うことが多い。

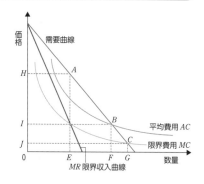

ミクロ経済学

市場の失敗とパレート最適

独占での価格決定方式	$MR＝MC$で生産量決定 価格はH、生産量はE ※政府が介入しない状態での価格決定
平均費用価格形成	$P＝AC$ 価格はI、生産量はF ※企業は損失を出さないで生産でき、政府からの補助金は必要としない。独立採算制の価格決定ともいう
限界費用価格形成	$P＝MC$ 価格はJ、生産量はG ※生産量は一番多く、価格も一番低いが、平均費用を下回るため、企業に損失が発生。政府がこの価格で生産させる場合、損失分の補助金が必要となる

＜社会的余剰の大きさ＞

独占価格＜平均費用価格＜限界費用価格

※限界費用価格の場合が、一番余剰が大きくなるが、補助金の必要があるため財政負担が大きくなる

政府が補助金を負担したくない場合、余剰が小さくなるので、市場の失敗の原因となるよ！

●**均衡点の安定性**…市場均衡が意味を持つかどうか。均衡を離れても均衡点に戻る力が働けば「安定」、戻る力が働かなければ「不安定」という。

＜ワルラスの安定条件＞

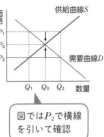

前提	①価格が変化すると、需要も供給もすぐに変化 ※冷凍食品をイメージしよう。冷凍サンマはいつでも供給できるよね ②需要と供給に差があれば価格が動く（価格調整）
価格の 動き方	超過需要（需要＞供給）があると価格は上昇
安定条件	均衡価格よりも低い価格で超過需要がある （P_2で横線を引いて、需要曲線が右なら安定）

図ではP_2で横線を引いて確認

＜マーシャルの安定条件＞

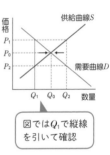

前提	①価格が変化すると、需要はすぐに変化するが供給はすぐに変化できない ※生鮮食品をイメージしよう。生サンマは獲りに行くまで時間がかかるよね ②供給量に合わせてまず価格が動き、その価格に合わせて供給量が変化する。つまり価格に差があれば供給量が動く（数量調整）
数量の動 き方	超過需要価格（需要価格＞供給価格）では売り手は供給量を増加させる
安定条件	均衡数量よりも低い数量で超過需要価格がある （Q_1で縦線を引いて、需要曲線が上なら安定）

図ではQ_1で縦線を引いて確認

＜くもの巣理論＞

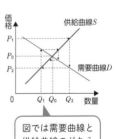

前提	①今期の供給量は前期の価格で決まる ②今期の需要量は今期の価格で決まる ③価格が変化すると、需要はすぐに変化するが供給はすぐに変化できない ※農産物をイメージしよう。スイカは1年後しか作れないよね ④今期に作ったものは今期で売りつくされる
価格と 数量の 動き方	前期の価格P_1→今期の供給量Q_2→今期の価格はP_2に下落→次期の供給量はP_2に対応したQ_1 価格と数量の動きはくり返され、くもの巣に似た形になる
安定条件	傾きの絶対値（プラスマイナスを考えない）の大きさが、供給曲線の方が大きいこと （供給曲線の傾きが需要曲線より急なら安定）

図では需要曲線と供給曲線のどちらの傾きが大きいか確認しよう

経済科目

05 ミクロ経済学

貿易理論

> 輸出入があるとき余剰は
> どうなる？

1. 自由貿易と関税

貿易によって余剰が変わる

＜閉鎖経済の場合　※貿易をしない状態＞

国内の価格と生産量は需要曲線と供給曲線の交わる点Eに決定。
消費者余剰はDP^*E。
生産者余剰はP^*SE、総余剰はDSE

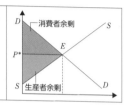

＜自由貿易の場合＞

財の価格は国際価格P_1で取引される。
消費者は需要量X_Dまで需要するが、国内の生産者はX_Sまでしか生産しない。不足分X_D-X_Sが輸入となる。
消費者余剰は、DP_1G、生産者余剰はP_1SF、総余剰は$DSFG$で、閉鎖経済に比べて$\triangle EFG$だけ余剰が増加

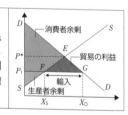

2. 関税政策

関税は余剰を減らすよ

国内産業の保護・育成のために関税を課すと余剰は減少する。
政府が輸入品について１単位あたりT円の税金を課す
→国内価格はP_1からP_2へ上昇
→国内需要はP_2H、国内供給はP_2I。税収は$IJRH$、総余剰は$DP_2H+P_2SI+IJRH$となる（税収は社会に還元されるので余剰に含める）。

自由貿易と総余剰を比べると、$\triangle IFJ$＋$\triangle HRG$の分だけ少なくなる。この部分が関税による厚生損失となる。

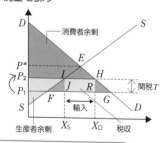

> 余剰が減る分（厚生損失）を図で
> 答えさせる問題がよく出るよ！

3. 貿易の国際価格

● リカード・モデル…各国は比較生産費（国内での各財の相対生産費）の低い（比較優位をもつ）財の生産に完全特化し、それを輸出すれば、貿易により利益を得られると主張。

貿易が行われる場合の国際相対価格 は次のように決定される。

$$自国のX財の比較生産費 < \frac{P_X}{P_Y} < 外国のX財の比較生産費$$

● ヘクシャー＝オリーン・モデル…各国は相対的に豊富に存在する生産要素をより多く（集約的に）使用する財に比較優位を持ち、その財を輸出する。2財とも生産する不完全特化。

> リカード・モデルは完全特化、ヘクシャー＝オリーン・モデルは不完全特化だよ！

＜閉鎖経済の場合：自給自足＞

凸となっている曲線：生産可能性フロンティア※

※所与の技術（生産関数）、資源（生産要素の使用可能量）の下で効率的に生産を行った場合の2財の生産量の組合せの軌跡を表す

自給自足経済なので、各財の生産量と消費量は等しい

均衡相対価格：2財の価格比 $\frac{P_X}{P_Y}$

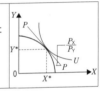

＜開放経済の場合：貿易が実施される＞

貿易均衡条件：一方の財の輸入額＝もう一方の財の輸出額

$$P_X^{*}(X^{*} - C_X^{*}) = P_Y^{*}(C_Y^{*} - Y^{*})$$

（P_X^{*}、P_Y^{*}：両財の国際価格）

国内の生産者・消費者は、国際相対価格 $\frac{P_X}{P_Y}$ の下で所得が最大となるように生産点を決める

→獲得した所得の下で、社会厚生を最大化するように消費点を選択する

→生産点：P点、消費点：Q点

X財輸出量：$PR = X^{*} - C_X^{*}$　Y財輸入量：$QR = C_Y^{*} - Y^{*}$

△PQRを貿易三角形といい、その国全体の貿易量の大きさを表す

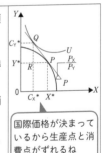

国際価格が決まっているから生産点と消費点がずれるね

ミクロ経済学の 一問一答チェック

( )に当てはまる言葉を答えよう

●消費者理論

	問　題	答
1	無差別曲線は原点から遠ざかるほど効用は( )なる。	高く
2	無差別曲線が原点に対して凸なのは( )が逓減するからである。	限界代替率
3	予算線の傾きは財の( )を表す。	価格比
4	無差別曲線と予算線が接する点が最適消費点であるが、ここでは( )と財の価格比が一致している。	限界代替率
5	所得が増加したとき、需要量が減る財を( )という。	下級財
6	その財が下級財で、かつ、所得効果の絶対値が代替効果のそれを上回る財を( )財という。	ギッフェン
7	ギッフェン財の需要曲線は( )である。	右上がり
8	需要曲線が直線の場合、価格が下がるにつれて需要の価格弾力性は( )なる。	小さく
9	需要曲線が直角双曲線の場合、需要の価格弾力性はつねに( )である。	1
10	弾力的な財の価格を下げた場合、その財への支出額は( )する。	増加

ミクロ経済学

ミクロ経済学の一問一答チェック

( )に当てはまる言葉を答えよう

●生産者理論

	問　題	答
11	コブ=ダグラス型生産関数は、規模に関して収穫( )である。	不変または一定
12	限界費用曲線は、平均費用曲線、平均可変費用曲線の( )を通る。	最低点
13	限界費用曲線、平均費用曲線、平均可変費用曲線のうち、最低点が一番左にあるのは( )である。	限界費用曲線
14	完全競争市場において、利潤最大の生産量決定の均衡条件は価格=( )である。	限界費用
15	損益分岐点は限界費用曲線と( )曲線の交点で示される。	平均費用
16	損益分岐点と操業停止点で、生産量が少ないのは( )である。	操業停止点
17	価格が平均費用よりも少なく、平均可変費用よりも多い場合、企業は生産を( )。	続ける
18	完全競争市場において、長期均衡は企業の利潤が( )となる点で生産を行う。	ゼロ
19	長期平均費用曲線は、短期平均費用曲線の( )である。	包絡線
20	短期限界費用と長期限界費用が一致する生産量では、短期と長期の( )が一致している。	平均費用

● 市場理論・貿易理論　　　　問　題　　　　答

	問題	答
21	独占市場における利潤最大の生産量決定の均衡条件は、（　　）＝限界費用である。	限界収入
22	独占的競争市場における利潤最大の生産量では、超過利潤は（　　）となる。	ゼロ
23	2つの企業が、互いに相手の生産量を一定と考えたときに成立する均衡のことを（　　）均衡という。	クールノー
24	（　　）とは、ある個人の効用を損なわずに、他の個人の効用を増加させることができない状態をいう。	パレート最適
25	（　　）とは、他の経済主体の効用を損なわずに、ある経済主体の効用を高める動きをいう。	パレート改善
26	平均費用逓減産業における価格設定を、①独占価格、②平均費用価格、③限界費用価格とした場合、余剰が一番大きいのは（　　）である。	③限界費用価格
27	市場均衡の安定性について、ワルラスの安定条件は、均衡価格水準よりも低い価格で（　　）が存在することである。	超過需要
28	自由貿易政策と関税政策をとった場合、余剰が大きいのは（　　）である。	自由貿易政策
29	リカード・モデルでは、比較生産費の（　　）い財に特化して生産し、貿易をすることで利益を得られる。	低
30	（　　）・モデルでは、各国は相対的に豊富に存在する生産要素をより多く使用する財に比較優位を持ち、その財を輸出する。	ヘクシャー＝オリーン

ミクロ経済学

マクロ経済学 のかんどころ

重要度 ✳✳✳✳✳
難 度 ✳✳✳

マクロ経済学のポイント

- 国民所得の決定要因と、豊かな国になるための政策を探る学問
- 「財市場」「貨幣市場」「労働市場」で国民所得がどう決まるのかが主題
- 対象市場によって、「45度線分析」「IS・LM分析」「総需要・総供給分析」を使う
- 専門用語が多い。全体像を意識しながら、覚えよう

★→よく出る　[計算]→計算問題が出る

国民所得・・・国民所得ってなに？

- 国民所得の種類★ [計算] /三面等価の原則（P154）
- GDPに含まれるもの、含まれないもの（P155）
- 産業連関表（P157）

国民所得の決定…財市場、貨幣市場、労働市場で国民所得はどう決まっていく？

- 消費関数（P158）
- 国民所得の決定
  - ①45度線分析［財市場］（P159）★
    インフレギャップ、デフレギャップ/乗数理論 [計算]
  - ②IS・LM分析［財市場＋貨幣市場］
    （P164）★ [計算]
  - ③総需要・総供給分析［財市場＋貨幣市場＋労働市場］（P170）★

古典派経済学の理論…ケインズ以前の経済学とは？

- 貨幣数量説（P172）

経済成長論…経済成長率はどのように決まる？

- 古典派とケインズ派の成長理論（P175）[計算]

古典派は市場を過信している！

● ケインズはマクロ経済学のスーパースター

　ケインズはイギリスの経済学者。著書『雇用・利子および貨幣の一般理論』で公表した理論が、後にケインズ経済学として確立。マクロ経済学＝ケインズ経済学と考えてよい。彼はそれまでの経済学を「古典派経済学」と呼んだ。

いっしょくたに「古典派」扱いするな！

ケインズ経済学	相違点	古典派経済学
需要重視（需要が総生産量を決める）（有効需要の原理）	需要と供給	供給重視（供給が需要をつくる）（セイの法則）
硬直的な面を持つ	価格・賃金	伸縮的
放っておいたら不安定になる	市場経済に対する考え方	市場メカニズム*による働きで放っておけば安定する
必要	政府による市場介入	不要
取引需要だけでなく、予備的動機、投機的動機にもある	貨幣需要	取引需要にある
非自発的失業*が存在する。失業の解消には政府の介入による有効需要の増大が必要	労働市場	市場メカニズムの働きによって、賃金が伸縮的に変動することで、完全雇用*が実現
現実の成長率G、保証成長率Gw、自然成長率Gnの三者が一致する必然性はなく、不安定性原理が支配	経済成長	現実の成長率G、保証成長率Gw、自然成長率Gnの三者がつねに等しい均斉成長が実現

市場メカニズム：価格の変化に応じて、市場が需要と供給を自動的に調整し、均衡させるようなしくみ
非自発的失業：現在の賃金水準で働きたいが、失業している状態
完全雇用：働きたい人がすべて働けている状態

攻略のコツ

◎ **国民所得の決定要因と、増やすための政策をチェック**
- 現在の国民所得がどこに決定し、改善に必要な政策が何かを理解する。財市場→貨幣市場→労働市場と要素が少しずつ増えていくことを意識

◎ **古典学派はケインズ経済学との対比**
- ケインズ派が、古典派の理論に追加して考慮した要素は何かをチェックして覚えよう

01 マクロ経済学

> マクロ経済学は「国民所得を増やす方法」を考える学問

国民所得統計と産業連関表

1. 国民所得の種類

各所得概念の差が重要だよ

国民総所得（GNI）	財貨サービスの産出総額－中間生産物※ ある期間に生み出された付加価値総額を指す ※中間生産物：他の企業から購入した原材料や燃料等
国民純生産（NNP）	国民総所得－固定資本減耗
狭義の国民所得（NI）	国民純生産（NNP）－〔間接税－補助金〕
国内総生産（GDP）	国民総所得（GNI）－海外からの純要素所得※ ※海外からの純要素所得 　＝海外からの要素所得－海外への要素所得

2. 三面等価の原則

見る角度が違っても中身は同じ

生産面、支出面、分配面のどの側面から見ても国民所得額は等しくなる。

商品	売上（給料）	消費
生産された付加価値 →	経済主体の所得として分配 →	経済主体の支出

●国民総支出…国民総所得を支出面からみたもの。国民所得を計算するときは支出面で式を作っていく。

国民総支出＝民間最終消費支出＋政府最終消費支出＋国内総固定資本形成
　　　　　　＋在庫品増加＋輸出－輸入

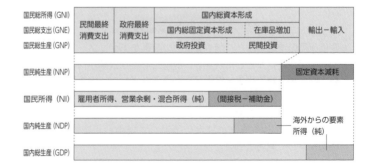

3. GDPに含まれるもの、含まれないもの　迷いがちなものを覚える

GDPに含まれる	GDPに含まれない
・市場で売買されるもの（基本）	・市場で売買されない財（基本）
・農家の自家消費	・主婦（夫）の家事労働
・持ち家の家賃	・非生産的なもの（贈与・寄付等）
・企業の現物支給	・中古車の販売価格
・公共サービス	・不動産の販売価格
	・金融資産
	・資本利得

過去に生産された中古品の金額や生産物でない土地の金額は国民所得に含まれないけれど、取引の手数料は含まれるよ！

4. 国民所得の計算　勘定科目を覚えよう

＜国民所得の構成勘定科目＞

雇用者報酬	民間最終消費支出
営業余剰・混合所得	政府最終消費支出
固定資本減耗	総固定資本形成
間接税	在庫品増加
―（控除）補助金	財・サービスの輸出
統計上の不突合※	―（控除）財・サービスの輸入
国内総生産	国内総支出

海外からの要素所得を考えない問題の場合は、「国民…」と同じになる

国内総生産	国内総支出
海外からの要素所得	海外からの要素所得
―（控除）海外への要素所得	―（控除）海外への要素所得
国民総所得（国民総生産）	国民総支出

※「統計上の不突合」は貸借差額（国民総所得と国民総支出の差額）の調整項目。
　計算問題では出てこない場合が多い

計算問題ではこの表を覚えておかないと解けないよ！

＜国民所得の構成勘定科目＞

例題 次の表から国内総生産（GDP）、国民純生産（NNP）を求めよ。

最終消費支出	250
総固定資本形成	120
在庫品増加	5
財・サービスの輸出	60
海外への要素所得の支払い	15
財・サービスの輸入	40
海外からの要素所得の受取	10
間接税－補助金	30
固定資本減耗	50

解説 構成勘定科目ごとに分けてみよう。

雇用者報酬		最終消費支出	250
営業余剰		総固定資本形成	120
固定資本減耗	50	在庫品増加	5
間接税－補助金	30	財・サービスの輸出	60
		財・サービスの輸入	－40
どちらの項目かわかれば 計算できるよ		国内総生産（国内総支出）	395
		海外からの要素所得の受取	10
		海外への要素所得の支払い	－15
		国民総所得（国民総支出）	390

国民純生産（NNP）＝国民総所得－固定資本減耗＝390－50＝340

　ある１つの産業部門は、他の産業部門から原材料や燃料などを購入。これを加工して別の財・サービスを生産し、別の産業部門に対して販売する。購入した産業部門はそれらを原材料等として、さらに別の財・サービスを生産する。

　こうした、財・サービスの「購入→生産→販売」という連鎖的なつながりを表したのが産業連関表である。

<表の見方>
●縦のライン（列）→費用構成を示す
その産業の財の生産に用いられた原材料をどこからどれだけ仕入れたかを示す。
●横のライン（行）→販路構成を示す
その産業の財がどこにどれだけ需要されたか（販売されたか）を示す。

投入＼産出		中間需要		最終需要	産出の合計
		A産業	B産業		
中間投入	A産業	20	30	25	75
	B産業	30	25	30	85
付加価値		25 ↓	30		
投入の合計		75	85		

※各産業の費用構成（縦）の合計と販路構成（横）の合計は一致する

<A産業を例にしてみよう>

　縦のラインは費用構成。A産業で生産物を作るために、原材料としてA産業から20、B産業から30を投入した。付加価値をつけたものがA産業で生産した総額になる。

　このA産業での生産物がどのように需要されたかを見るのが横のライン。A産業で20需要され、B産業で30需要される。最終需要は生産過程に需要されずに製品として消費されたものをいう。A産業で作られた75がどのように需要されたかがわかる。

> 計算問題では縦・横の合計欄がないよ。合計欄を想定すると簡単になるよ！

国民所得の決定

1. 消費関数

所得が増えたときの消費量の増え方は？

消費関数は、消費量の決定方法を数式で表したもの。ケインズは現在の所得水準が消費量を決めると主張。このケインズ型消費関数がマクロ経済学の基本となっている。

●ケインズ型の消費関数

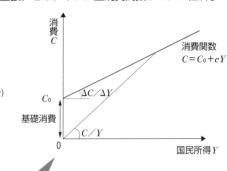

$$C = C_0 + cY \quad \cdots ①$$

C ：消費

C_0：基礎消費

　　（所得が0でも必要な消費分）

c ：限界消費性向　$c = \dfrac{\Delta C}{\Delta Y}$

（c、C_0は定数）

Y ：国民所得

ΔC：消費の増加分

ΔY：所得の増加分

> 所得が0でも基礎消費は発生するよ。
> 所得が増えても、全額を消費に回すわけではないから、消費関数は45度より緩やかなんだね

	平均消費性向（C/Y）	限界消費性向（$\Delta C / \Delta Y$）
定義	ある所得水準における消費の占める割合	所得が1単位増えたとき増加する消費の割合
図では	原点から消費関数の任意の点に引いた直線の傾き	消費関数の傾き
求め方（計算方法）	①式を所得Yで割った値　$\dfrac{C}{Y} = \dfrac{cY + C_0}{Y}$	①式をYで微分した値　$\dfrac{\Delta C}{\Delta Y} = \dfrac{\Delta (cY + C_0)}{\Delta Y} = c$
どんな値になる？	所得Yが増加するにつれて値は小さくなる	$0 <$ 限界消費性向 < 1の数値になる

> 計算問題では限界消費性向が重要になってくるよ

2. 国民所得の決定（45度線分析） 財市場での国民所得はどう決まる？

＜45度線分析＞

財市場での国民所得は、総需要（$C+I$）と総供給（Y）が均衡するところで決定する。この時の国民所得を均衡国民所得という。

●総需要の見方

財の総需要は次のように表せる。

（総供給）＝（総需要）

需給バランス式 $Y = C + I + G + EX - IM$

所得　消費　投資　政府支出　輸出　輸入

民間部門　政府部門　海外部門

租税 T にも関係する

| 民間部門：家計・企業の活動 |
| 政府部門：政府の活動（租税、政府支出） |
| 海外部門：貿易に関する活動 |

シンプルにするため、民間部門だけで考えていくと $Y=C+I$ となる（下図参照）。

※総需要（$C+I$）の傾きは、（投資を一定とすると）限界消費性向の値となる。限界消費性向 c は $0<c<1$ なので45度線より傾きが緩やかになる。

●45度線の意味…総供給（Y）と総需要（$C+I$）を比較するため、横軸に総供給（Y）、縦軸に総需要（$C+I$）を取ったもの。つまり、45度線上は総供給（Y）を表している。

45度線を斜辺とする直角三角形の辺の比（$1:1:\sqrt{2}$）で考えよう。横と縦の長さは同じになるので、縦に横軸の Y を置き換えることができるんだ

C：消費　I：投資
Y：国民所得　S：貯蓄

A点：所得をすべて消費に充てているので貯蓄はゼロ
B点：均衡条件を達成する点B
　ここで均衡国民所得水準が決定される
$Y=C+I$（所得＝消費＋投資）
　　このとき、$S=I$（貯蓄＝投資）

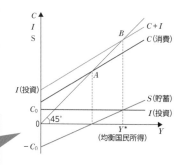

民間部門（消費者と企業）における経済を前提とする場合		
財市場の均衡	$Y=C+I$	ここに国民所得水準が決定される
	$I=S$	$Y=C+S$ でもあるので、$C+I=C+S \Rightarrow I=S$

マクロ経済学で求めたい理想形は完全雇用国民所得水準※。45度線分析で求めた均衡国民所得水準が、完全雇用のときと比べてどう違うか分析する。

※完全雇用国民所得水準：働きたい人がすべて働いたときの所得水準

	経済の状態	ギャップの種類	対策
①	需要超過	インフレギャップ	需要減少（増税、消費・投資縮小）
②	需要不足	デフレギャップ	需要増加（減税、消費・投資拡大）

> ギャップは需要の差であって所得の差じゃないよ！
> 完全雇用国民所得水準に向けての対策が重要

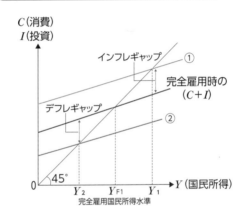

①インフレギャップのあるとき
　現実の国民所得水準が Y_1
　完全雇用時に比べて総需要（①）が超過
　⇒需要を減少させる政策が必要。

②デフレギャップのあるとき
　現実の国民所得水準が Y_2
　完全雇用時に比べ総需要（②）が不足
　⇒需要を増加させる政策が必要。

<**ギャップ分析の練習問題**>

例題 国民所得Yが消費Cと投資Iからなり、$C=0.6Y+80$としたときに、$I=60$でデフレギャップが20生じるならば、完全雇用国民所得水準はいくらか。

解説 現実の国民所得水準Yは、

$Y=C+I$より　　$Y=0.6Y+80+60$

$(1-0.6)\ Y=140$

$Y=350$

このとき、$I=60$においてデフレ・ギャップが20生じることから、需要を20増やしたら完全雇用が達成される。

国民所得Y_Fは、財市場の均衡条件式より、

$Y_F=0.6Y_F+80+60+20$

$Y_F=400$

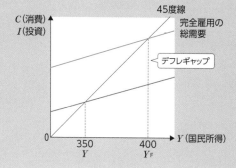

03 マクロ経済学

> 需要と国民所得の関係を探っていくよ！

乗数理論

1. 乗数理論

需要は所得にどのような影響を与える？

●乗数理論…①需要の増加がその乗数倍の有効需要を増加させ、②国民所得を拡大させる効果をもたらす。

基本の需給均衡式 $Y = C + I + G + X - M$
Y：所得　C：消費　I：投資　G：政府支出　X：輸出　M：輸入

このうち、消費と輸入は所得の変化に影響を受ける。

$C = C_0 + cY$、　$M = M_0 + mY$

C_0：基礎消費　c：限界消費性向
M_0：基礎輸入　m：限界輸入性向

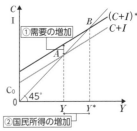

需給バランス式に代入して整理すると、需要と所得の関係がわかる。

乗数名	基本的な乗数の形	需要項目が変化したときの所得の変化（Δは変化分を表す）
投資乗数〔$Y = C + I$〕（民間部門のみ）	$Y = \dfrac{1}{1-c}$	$\Delta Y = \dfrac{1}{1-c} \times (\Delta I)$
政府支出乗数〔$Y = C + I + G$〕（政府部門含む）	$Y = \dfrac{1}{1-c}$	$\Delta Y = \dfrac{1}{1-c} \times (\Delta G)$
租税乗数〔$Y = C + I + G$〕（政府部門含む）	$Y = \dfrac{-c}{1-c}$	$\Delta Y = \dfrac{-c}{1-c} \times (\Delta T)$ ※増税→所得減少
貿易乗数〔$Y = C + I + G + X - M$〕（海外部門含む）	$Y = \dfrac{1}{1-c+m}$	$\Delta Y = \dfrac{1}{1-c+m} \times (\Delta G \text{または} \Delta I)$

乗数はc(限界消費性向)の値が重要なんだ。
$c = 1 - s$(限界貯蓄性向)なので$(1-c)$をsで表すことも可能だよ。例：$\dfrac{1}{s} = \dfrac{1}{1-c}$

＜政府支出額の増加分を増税分でまかなうとき（均衡予算）＞
　均衡予算（租税T＝政府支出G）の場合、乗数は 1
→政府支出額分だけ国民所得は増える。

$$\text{乗数} \Rightarrow \frac{1}{1-c} + \frac{-c}{1-c} = \frac{1-c}{1-c} = 1$$

<均衡予算の計算問題>

例題 限界消費性向を0.75とすると、増税1兆円で政府支出1兆円を実施した場合、国民所得の変化はいくらか。

解説 政府支出増加の乗数 $=\dfrac{1}{1-0.75}=4$、増税の乗数 $=\dfrac{-0.75}{1-0.75}=-3$

政府支出1兆円増加による国民所得の増加→$4 \times 1 = 4$兆円

増税1兆円による国民所得の減少→$(-3) \times 1 = -3$兆円

4兆円－3兆円＝1兆円（政府支出額と同じ額だけ国民所得は増える）

「均衡予算＝効果がない」わけではないので注意しよう！

<計算問題の解き方>

① 需給均衡式に消費関数など与えられた情報を代入して整理する
② 国民所得の大きさを求めるときは、$Y=$乗数×需要で求める
③ 国民所得の増加分を求めるときは、$\Delta Y=$乗数×Δ需要で求める

例題 マクロ経済が、$Y=C+I+G+X-M$、$C=0.8Y+20$、$M=0.2Y+10$〔Y：国民所得、C：消費、I：投資、G：政府支出、X：輸出、M：輸入〕で示され、当初、投資が100、政府支出が50、輸出が80であった。政府支出を20増加させた場合、国民所得はいくらになるか。

解説 $Y=0.8Y+20+I+G+X-(0.2Y+10)$

$(1-0.8+0.2)\ Y=20+100+50+80-10$

$Y=\dfrac{1}{0.4} \times 240=2.5 \times 240=600$

政府支出を20増加（ΔG）させると、国民所得の増分は

$\Delta Y=2.5 \times 20=50$となる。

したがって、国民所得は、$600+50=650$となる。

（別解）需要を＋20としてYを計算しても良い。

$Y=\dfrac{1}{0.4}\ (20+100+50+80-10+\mathbf{20})$

$=\dfrac{1}{0.4} \times 260=650$

1. IS・LM分析　　　貨幣市場も考慮した国民所得を考える

　財市場と貨幣市場の両方で均衡を満たす国民所得はどの水準になるか？ケインズは利子率で財市場と貨幣市場が関連すると考えた。
⇒古典派は関連しないと考えている→「二分法」「貨幣ヴェール観」（P172）

	内容	意味	シフトの要因
IS曲線（右下がり）	投資（I）と貯蓄（S）が等しいときの、利子率と国民所得の関係	財市場の均衡	財政政策
	$I=S$は45度線分析の均衡点だったね		
LM曲線（右上がり）	貨幣需要（L）と貨幣供給$\frac{M}{P}$が等しいときの、利子率と国民所得の関係	貨幣市場の均衡	金融政策

⇒*IS・LM*曲線の交点に国民所得が決定（交点では両市場の需給が均衡）

実質貨幣供給量 $\left(\dfrac{M}{P}\right)$ ＝名目貨幣供給量÷物価

＜曲線以外の領域の需給関係＞

	領域①	領域②	領域③	領域④
財市場	超過供給	超過需要	超過需要	超過供給
貨幣市場	超過供給	超過供給	超過需要	超過需要

経済が*IS・LM*曲線上より外れた領域にある
⇒財市場や貨幣市場が不均衡の状態
⇒政府や中央銀行が財政政策や金融政策を実施

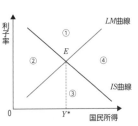

2. IS曲線、LM曲線の右シフト要因　　　国民所得が増える要因は？

　一方の曲線が一定の場合、他方の曲線が右シフトすると国民所得は増加する。

＜*IS*曲線の右シフト要因＞

①消費、投資の増加	需要の増加
②政府支出の増加	
③減税	

＜*LM*曲線の右シフト要因＞

①貨幣供給量の増加	実質貨幣供給量の増加
②物価下落	

3. 曲線の形状が特殊なケース 金融・財政政策とひもづけて覚えよう

<IS曲線、LM曲線が垂直・水平となる場合>

減税や公共事業で景気を刺激

政策金利を上下させて投資や消費を刺激

利子弾力性		曲線の形状	財政政策	金融政策
投資の利子弾力性	無限大	①IS曲線が水平	無効	有効
	ゼロ	②IS曲線が垂直	有効	無効
貨幣需要の利子弾力性	無限大	③LM曲線が水平	有効	無効
	ゼロ	④LM曲線が垂直	無効	有効

①IS曲線が水平

利子弾力性 無限大のケース

利子率によって投資、国民所得は大きく変動
→IS曲線の右シフト（財政政策）は無効

②IS曲線が垂直

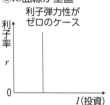

利子弾力性がゼロのケース

利子率が上昇しても投資が増えず、国民所得が増えない
→LM曲線の右シフト（金融政策）は無効

③LM曲線が水平

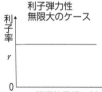

利子弾力性 無限大のケース

利子率によって貨幣需要、国民所得は大きく変動
→LM曲線の右シフト（金融政策）は無効
（流動性のわな）

④LM曲線が垂直

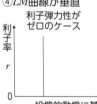

利子弾力性がゼロのケース

貨幣需要は利子率に反応せず、国民所得は増えない
→IS曲線の右シフト（財政政策）は無効
（完全なクラウディングアウト）

この中でも③LM曲線が水平になる状態は「流動性のわな」「ケインズのわな」と呼ばれている。
ケインズは世界恐慌後の状態を、LM曲線が水平（金融政策が無効）状態だと分析し、IS曲線を動かす財政政策の必要性を主張したよ

4. クラウディングアウト　財政政策が効果的にならない状況

●クラウディングアウト…政府支出の増大が利子率の上昇を通じて民間投資を減少させること。これにより国民所得の増大が抑制される。

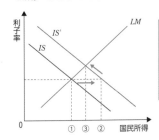

＜メカニズム＞

1. 政府支出の増大
2. IS曲線がIS'に移動、乗数効果により国民所得は増加する。（①→②）
   ※利子率上昇がない場合
3. 利子率が上昇すると、民間投資が削減され、国民所得は減少する（②→③）
   ※LM曲線の傾きが急なほど（貨幣需要の利子弾力性が小さいほど）生じやすくなる

> LM曲線が垂直になると国民所得は変化しないよ！（完全なクラウディングアウト）

＜クラウディングアウトの計算問題＞

例題　マクロ経済モデルが次のように表される。当初、政府支出はゼロだったがいま景気対策として、市中消化※による国債発行によって10兆円の政府支出が行われたとすると、民間投資はどう変化するか。

$Y=C+I+G$
$C=40+0.8Y$
$I=120-20r$
$L=0.2Y+90-20r$
$M=100$

Y	：国民所得
C	：消費
I	：投資
G	：政府支出
r	：利子率
L	：貨幣需要
M	：名目貨幣供給

解説　（IS曲線）$Y=40+0.8Y+120-20r$
$(1-0.8)\ Y=160-20r$
$Y=800-100r$　…①
（LM曲線）$0.2Y+90-20r=100$
$0.2Y=10+20r$　$Y=50+100r$　…②
①、②より、$r=3.75$
いま、10兆円の政府支出が行われると、IS曲線は次のようになる。
$Y=40+0.8Y+120-20r+10$
$0.2Y=170-20r$
$Y=850-100r$　…③
したがって、新しい均衡点での利子率は、②と③を連立して、$r'=4.0$
利子率は0.25（＝4.0−3.75）増加している。
利子率の上昇が民間投資に与える影響は、投資関数から求められる。
$I=120-20r \rightarrow \Delta I=-20\Delta r$
$\Delta I=-20\times0.25=-5$
つまり、民間投資は5兆円減少する。

※市中消化→日本銀行が国債を買わないこと。LMは動かない

5. IS・LM分析の計算問題の解き方　式に値を代入すればいいだけ！

①IS曲線とLM曲線の式をたてる

　IS曲線の式⇒$Y=C+I+G+X-M$（需給均衡式）に問題で与えられた消費関数や投資関数、輸入関数などを代入し、整理する。

　LM曲線の式⇒$L=M/P$（貨幣市場の需給均衡式）を作る。

②国民所得を求めるときは、IS曲線とLM曲線の式を連立。利子率rを消去して、$Y=$～の形式に整理する

　→利子率を求めるときは、利子率$r=$～の形式に整理する

＜国民所得を求める計算問題＞

例題　ある国の経済が次のように示されるとき、この国の国民所得はいくらか。

$Y=C+I+G$
$C=52+0.6(Y-T)$
$I=80-12r$
$L=120+0.5Y-10r$
$M/P=170$
$G=20$
$T=20$

Y	: 国民所得
C	: 消費
I	: 投資
G	: 政府支出
T	: 税収
r	: 利子率
L	: 実質貨幣需要
M	: 名目貨幣供給
P	: 物価水準

解説　(IS曲線)　$Y=C+I+G$
$Y=52+0.6(Y-20)+80-12r+20$
$(1-0.6)Y=140-12r$
$0.1Y=35-3r$
$Y=350-30r$　…①
(LM曲線)
$120+0.5Y-10r=M/P$
$120+0.5Y-10r=170$
$0.5Y-10r=50$
$0.5Y=50+10r$
$Y=100+20r$　…②
①、②を連立して、$Y=200$

> どちらかの曲線がシフトしたときは、シフトした曲線の式と動かない曲線の式で連立して求めれば国民所得は計算できるよ！

消費関数論争・投資関数

1. 消費関数論争

短期と長期で消費関数が変わるのはなぜ？

　ケインズ型の消費関数$C = C_0 + cY$は、短期の消費関数を説明する。

　短期の場合、平均消費性向は所得の増加に対し変化するが、長期的には一定（$C = cY$）であり、ケインズの絶対所得仮説では説明できない。そこで短期と長期の現象を矛盾なく説明するため、消費関数論争が起こった。

主張者	学説	消費は何によって決まるか？
ケインズ	絶対所得仮説	家計の可処分所得のみに依存
デューゼンベリー	（時間的）相対所得仮説 習慣形成仮説	現在の可処分所得水準、ならびに過去の最高可処分所得水準に依存
	（空間的）相対所得仮説 相互依存仮説	家計の可処分所得とその家計が属する所得階層の平均消費水準に依存
トービン	流動資産仮説	可処分所得と流動資産[1]に依存
フリードマン	恒常所得仮説	消費支出と可処分所得は、恒常部分と変動部分に分けられ、恒常消費は恒常所得[2]に依存
モディリアーニ	ライフ・サイクル仮説	生涯の可処分所得に依存

※1　流動資産（預金、保険、有価証券など）
※2　恒常所得（貨幣・給料など）、変動所得（宝くじの賞金など一時的なもの）

> 人名、仮説名、消費を決めるもの（依存するもの）をセットで覚えておこう！

2. 投資関数

理論名	投資 (I) を決める要因
投資の限界効率[※] （ケインズ）	投資の限界効率が利子率を上回れば投資が行われる ※投資の限界効率：投資の利益率と考える
加速度原理	投資が国民所得の変化分（ΔY）に比例して変動する $I_t = v\,(Y_t - Y_{t-1})$ 〔I_t：t期の投資、v：資本係数、Y_t：今期の国民所得、Y_{t-1}：前期の国民所得〕
資本ストック調整原理	今期と前期の資本ストック（工場設備）の差を埋める行動が投資である。 $I_t = \lambda\,(K^{*}_t - K_{t-1})$ 〔K：資本ストック、t：今期、$t-1$：前期〕 λ は伸縮的加速子と呼ばれ、最適資本ストックと前期の実際の資本ストックの差のうち今期の投資として実現される割合
新古典派の投資理論 （ジョルゲンソン）	現実の資本量と企業の考える最適な資本ストックの差を埋める行動が投資
投資の調整費用モデル	資本ストック調整原理や新古典派の投資理論に対し、投資の調整費用も投資の決定に影響を与える。 投資の調整費用とは、投資をして生産能力を拡大しようとすればするほど余分にかかってくる追加的な諸経費のこと
トービンのq理論	qが1より大きいならば、生産設備にかかった費用よりも、その生産設備が生み出す価値（＝企業価値）が高いので、そのような収益性の高い生産設備は一層拡大され、投資が実行される ※トービンの q ＝ $\dfrac{\text{株価の時価総額}}{\text{生産設備投資総額}} = \dfrac{\text{企業の市場価格}}{\text{現存資本を買い換える費用総額}}$ $= \dfrac{\text{資本の限界効率}}{\text{市場利子率}}$

> 加速度原理、資本ストック調整原理、トービンのq理論がよく出てくるよ！

マクロ経済学

> 財・貨幣市場に労働市場を加えた場合の国民所得を求めるよ

総需要・総供給分析

1. 総需要曲線(AD)・総供給曲線(AS)分析 　労働市場の均衡＝完全雇用

$IS \cdot LM$分析に労働市場の要素を加え、財・貨幣・労働の3市場すべてで均衡をみたす国民所得を求める⇒物価水準と国民所得の関係。

2. 総供給曲線(AS) 　古典派とケインズは非自発的失業の有無が違うよ

労働力の量が総供給量を決定する。そのため、労働市場から求められる。

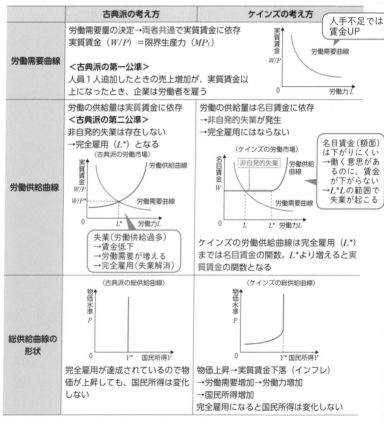

	古典派の考え方	ケインズの考え方
労働需要曲線	労働需要量の決定→両者共通で実質賃金に依存 実質賃金（W/P）＝限界生産力（MP_L） <古典派の第一公準> 人員1人追加したときの売上増加が、実質賃金以上になったとき、企業は労働者を雇う	人手不足では賃金UP
労働供給曲線	労働の供給量は実質賃金に依存 <古典派の第二公準> 非自発的失業は存在しない →完全雇用（L^*）となる 〈古典派の労働市場〉 失業（労働供給過多） →賃金低下 →労働需要が増える →完全雇用（失業解消）	労働の供給量は名目賃金に依存 →非自発的失業が発生 →完全雇用にはならない 〈ケインズの労働市場〉 非自発的失業 ケインズの労働供給曲線は完全雇用（L^*）までは名目賃金の関数。L^*より増えると実質賃金の関数となる 名目賃金（額面）は下がりにくい →働く意思があるのに、賃金が下がらない →L^*Lの範囲で失業が起こる
総供給曲線の形状	〈古典派の総供給曲線〉 完全雇用が達成されているので物価が上昇しても、国民所得は変化しない	〈ケインズの総供給曲線〉 物価上昇→実質賃金下落（インフレ） →労働需要増加→労働力増加 →国民所得増加 完全雇用になると国民所得は変化しない

3. 総需要曲線（AD）

　財市場と貨幣市場を同時に均衡させる物価と国民所得の組合せ。

物価が下落（$P_1 \rightarrow P_2 \rightarrow P_3$）
→実質的な貨幣供給量増加（インフレ）（LM曲線
　右シフト）→国民所得増加
⇒総需要曲線は右下がり

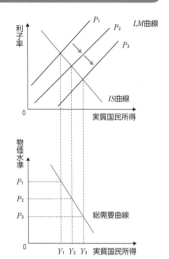

総需要曲線は財市場と貨幣市場の同時均衡を示している。需要増加と実質貨幣供給量の増加でAD曲線は右シフトすると覚えておこう！

4. 3つの市場での国民所得の決定
財・貨幣・労働市場の均衡点だよ

	古典派の考え方	ケインズの考え方
各市場の均衡状況	財市場、貨幣市場、労働市場すべて均衡	総供給曲線の右上がりの部分（＝完全雇用でない）で総需要曲線と交差している均衡点では、財市場と貨幣市場は均衡。労働市場は超過供給
均衡図（Y_F：完全雇用国民所得）	〈古典派〉	〈ケインズ〉　財政・金融政策でシフトするのは総需要曲線だよ！
財政・金融政策の有効性	無効　物価が上昇するだけで、国民所得は増えない	有効　拡張的な財政・金融政策により国民所得は増加し、物価も上昇する

171

07 マクロ経済学

ケインズ以前の経済学説を指すよ

古典派経済学の理論

1. 古典派経済学

財・貨幣市場が関連すると考えたケインズと対比しよう

①市場に任せておけばつねに理想的な国民所得水準（完全雇用国民所得水準）に決まる。

②国民所得水準は貨幣供給量とは無関係であり、財市場だけの影響で決まるので、金融政策は財市場に影響を与えない。

「古典派の二分法」 「貨幣ヴェール観」	貨幣市場と財市場（実物市場）は完全に分離しており、お互いに影響し合うことはない
貨幣数量説	貨幣の供給量とその流通速度が物価の水準を決定

2. 貨幣数量説

貨幣供給量と物価の関係を表す

＜フィッシャーの交換方程式＞

一定期間内で購入に使われた額と、販売された額は同額とした式。

$MV=PT$　MV：貨幣の総額　PT：財の取引金（額）

（M：貨幣供給量、V：貨幣の流通速度※、P：物価、T：財の取引量）

1000円　×　3回転＝3000円＝　リンゴ1個300円×10個

※貨幣の流通速度：同じ貨幣が財の取引に利用される回数。期間内に売買がくり返されると、貨幣の流通量が増える

貨幣供給量Mが増えても、取引量T（国民所得Y）に直接的な影響を与えず、物価Pだけに影響を与える。

$MV=PT$は完全雇用国民所得水準で一定

→V：貨幣の流通速度・T：取引量が一定

↓

貨幣供給量Mの増加（減少）は物価Pだけを増加（低下）させる。

※Mが1000円→3000円に増えても、リンゴ1個が900円になるだけ（物価上昇）

金融政策は財市場に影響を与えない。

＜マーシャルの k＞

古典派の経済学者マーシャルは、貨幣数量説 $MV＝PY$ の流通速度 V の逆数 $\frac{1}{V}＝k$ として、k をマーシャルの k と呼び、貨幣数量説の式を以下のように書き換えた。

$$M＝\frac{1}{V}PY \ \Rightarrow \ M＝kPY$$

⇒マーシャルの k を含んだ式を**ケンブリッジ方程式**と呼ぶ。ケンブリッジ方程式は取引量 T を生産量 Y に置き換える。

> 流通速度の逆数 k は貨幣供給量の指標として使われているよ。k の値が高いと供給過剰だね

3. マネタリスト(新貨幣数量説)　古典派の貨幣数量説を修正した考え

貨幣政策の重要性を主張し、市場メカニズムを重視する新古典派の経済学者。

●**新貨幣数量説**…古典派の貨幣数量説の考え方を修正したもの。フリードマンが提唱。

＜貨幣数量説との違い＞

古典派	マーシャルの k（または貨幣流通速度 V）は一定
フリードマン	マーシャルの k は変動する

マネタリストにとって、貨幣供給量 M は理想的な水準で一定であると考えている。$M＝kPY$ の M が一定で、名目国民所得である PY が増加すれば、k は低下することになる。

フィリップス曲線	フィリップスがイギリスでの事象を分析し、賃金上昇率と失業率の関係を示した曲線。のちに縦軸を物価上昇率とした物価版フィリップス曲線が主流となった。 賃金上昇率を高めること（インフレ）により、長期的に失業率が下がるとされた	**フィリップス曲線** 賃金上昇率（縦軸）　失業率 u（横軸） 賃金が上がれば失業率は下がる u^*
自然失業率※仮説 ※転職時など完全雇用でも存在する失業率。ここでは労働市場の需要と供給は一致	物価版フィリップス曲線に基づく財政・金融政策の無効性をフリードマンが主張。 有効需要拡大政策が有効なのは、人々が、現実の物価上昇率と期待物価上昇率の乖離を知らない短期間だけ。 人々が期待物価上昇率を変更する長期においては、失業率は自然失業率の水準で、物価のみが上昇する	**物価上昇率**（縦軸）　失業率 u（横軸） 長期フィリップス曲線 短期フィリップス曲線 u^*（自然失業率）

●長期フィリップス曲線…自然失業率水準での垂直な線分。

＜長期フィリップス曲線が垂直になる理由＞

　政府の有効需要拡大政策で一時的に失業率が改善しても、物価だけが上昇したまま、もとの完全雇用の状態である自然失業率水準に戻る。長期フィリップス曲線は自然失業率の水準で垂直な直線となる。

①経済が点*A*の状態 →失業率水準を下げるため、政府が財政政策実施 →賃金上昇、労働供給増大、失業率改善 →点*B*に移動 ※労働供給が増えたのは短期的に名目賃金が上昇したから
②物価が上昇、労働者は実質賃金が増えていないと気づく →労働供給減少 →点*C*に移動
③再び財政政策を実施し、失業率が低下 →点*D*に移動
④再び、労働者は実質賃金が変化しないことに気づく →労働供給減少→点*E*に移動

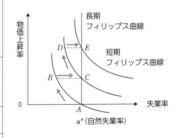

u^*（自然失業率）

1. 経済成長論

経済成長率はGDP（国内総生産）の伸び率のこと

＜成長の方程式（新古典派の成長論）＞

成長の方程式はコブ＝ダグラス型生産関数（P135）の式を成長率の形 $\left(\dfrac{\Delta Y}{Y}\right)$ で示したもの。

経済成長率＝技術進歩率＋（資本分配率×資本成長率）＋（労働分配率×労働成長率）

$$\frac{\Delta Y}{Y} = \frac{\Delta A}{A} + \alpha \cdot \frac{\Delta K}{K} + (1-\alpha) \cdot \frac{\Delta L}{L}$$

$\dfrac{\Delta Y}{Y}$：経済成長率（国民所得成長率） $\dfrac{\Delta A}{A}$：技術進歩率

$\dfrac{\Delta K}{K}$：資本成長率（資本ストック増加率） $\dfrac{\Delta L}{L}$：労働成長率（労働人口増加率）

α：Kの肩の数値（資本分配率） $1-\alpha$：Lの肩の数値（労働分配率）

> コブ＝ダグラス型生産関数はY=AK$^\alpha$L$^{1-\alpha}$だけど、成長率の形に直すと足し算になるんだ！　計算問題はこの式に数値を当てはめよう

例題　$Y = AK^{0.4}L^{0.6}$
実質GDP成長率３％、資本の成長率３％、労働の成長率２％のとき、この経済の技術進歩率はいくらか。

解説　成長の方程式に与えられた数値を入れる。
経済成長率＝技術進歩率＋（資本分配率×資本成長率）＋（労働分配率×労働成長率）
$3\% = X + 0.4 \times 3\% + 0.6 \times 2\%$
$X = 3 - 0.4 \times 3 - 0.6 \times 2 = 0.6$　　　0.6%

2. ハロッド=ドーマー(ケインズ派)の成長論 投資がもたらす成長効果を示す

<ハロッド=ドーマーの考え方>

市場メカニズム	価格が硬直的なため働かない
資本、労働の完全利用	達成されない
現実の経済	不安定で、資本、労働の完全雇用を保証する成長経路から経済が逸脱すると、失業が増大し、資本の不完全利用状態が進む
政策	完全雇用達成のためには政府による政策介入が必要

<投資の二重性 (投資が生み出す効果) >

①需要創出効果	投資が乗数効果を通じて乗数倍の所得を生み出す
②生産力効果	投資により資本蓄積され、供給力が増加する

<不安定性原理>

保証成長率 (G_w) (適正成長率)	資本(生産設備)の完全利用をつねに保証する成長率 投資したものが全部活用(売れた)場合の理想的な成長率	$G_w = \left(\dfrac{\Delta Y}{Y} \right) = \dfrac{S}{V}$ V：資本-産出係数 S：貯蓄率
自然成長率 (G_n)	完全雇用時の成長率 (最大限の成長率) 人口増や技術革新で自然成長する	$G_n = n + \lambda$ n：人口増加率 λ：技術進歩率(労働生産性上昇率)
黄金時代の成長 (均斉成長)	現実の成長率=保証成長率=自然成長率	$\dfrac{S}{V} = n + \lambda$
不安定性原理(ナイフエッジ原理)	現実の経済成長率がいったん保証成長率から乖離すると、現実の成長率はますます保証成長率から離れていくこと	

<計算問題の対策>

例題 ハロッド=ドーマー・モデルにおいて、労働人口増加率が1.5%、1人あたりの経済成長率が2.5%、資本係数が3であるものとする。いま、労働の完全雇用と資本の完全利用を前提とすれば、この経済の貯蓄率はいくらか。

解説 $\dfrac{S}{v} = n + \lambda$　　$\dfrac{S}{3} = 1.5 + 2.5$　　$S = 12$

ほとんどが $\dfrac{S}{V} = n + \lambda$ の式を利用して解くものだよ！

マクロ経済学の 一問一答チェック

( )に当てはまる言葉を答えよう

●GDP統計

	問題	答
1	国民総所得(国民総生産)は、ある期間に生み出された( )の総額をいう。	付加価値
2	国民総生産(GNP)と国民純生産(NNP)の違いは、( )を含むか否かである。	固定資本減耗
3	国民純生産(NNP)から( )を引き、補助金を足すと国民所得(NI)となる。	間接税
4	日本企業が海外で得た所得は国内総生産(GDP)に( )。	含まれない
5	農家の自家消費は、国内総生産に( )。	含まれる
6	不動産の販売価格は、国内総生産に( )。	含まれない
7	金融資産の販売手数料は、国内総生産に( )。	含まれる
8	古典派経済学は( )の伸縮性を前提に市場メカニズムを信頼している。	価格
9	労働市場において完全雇用がつねに実現するのは( )経済学である。	古典派
10	有効需要の原理で政府の市場介入を唱えるのは( )経済学である。	ケインズ

マクロ経済学

マクロ経済学の一問一答チェック

（　）に当てはまる言葉を答えよう

●国民所得の決定

	問　題	答
11	所得が1単位増えたときに増加する消費の割合を（　）消費性向という。	限界
12	財市場の均衡条件は貯蓄＝（　）で表される。	投資
13	現在の国民所得水準が、完全雇用時の国民所得水準と比較して少ない場合、（　）ギャップが発生している。	デフレ
14	インフレギャップが発生しているとき、需要を（　）させる政策が必要となる。	減少
15	需要を1単位増加させると、国民所得の増加は1単位より（　）なる。	大きく
16	限界消費性向が大きくなると、乗数は（　）なる。	大きく
17	均衡予算の乗数は（　）となる。	1
18	政府支出乗数と租税乗数を比べた場合、大きいのは（　）である。	政府支出乗数
19	海外部門［輸出と輸入］を考えた場合、国内のみの場合と比べ、乗数は（　）なる。	小さく
20	ケインズ型の消費関数では、国民所得の増加にともない、平均消費性向は（　）なる。	小さく

●IS・LM分析　　　　　問　題　　　　　答

#	問題	答
21	金融市場と財市場が関連すると考えているのは（　）経済学である。	ケインズ
22	金融政策を実施したとき、（　）曲線がシフトする。	LM
23	財政支出を増加させる政策を実施すると、IS曲線は（　）シフトする。	右
24	LM曲線の下の領域では、貨幣市場は超過（　）となっている。	需要
25	物価が下落すると、LM曲線は（　）シフトする。	右
26	IS曲線が垂直の場合、投資の利子弾力性は（　）である。	ゼロ
27	ケインズのわなと呼ばれているのは（　）曲線が水平となっている部分である。	LM
28	政府支出の増大が民間投資を減少させることを（　）という。	クラウディングアウト
29	政府支出の増大が民間投資を減少させる原因は、（　）の上昇である。	利子率
30	IS曲線が水平の場合、財政政策と金融政策では（　）のほうが有効である。	金融政策

マクロ経済学

マクロ経済学の一問一答チェック

(　　)に当てはまる言葉を答えよう

●消費関数・投資関数 　　問　題　　　答

問題	答
31 相対所得仮説を唱えたのは(　　)である。	デューゼンベリー
32 消費は生涯の可処分所得に依存すると考えたのは(　　)である。	モディリアーニ
33 (　　)は流動資産仮説で、消費は可処分所得と流動資産に依存すると考えた。	トービン
34 投資が国民所得の変化分に比例して変動するという考え方を(　　)という。	加速度原理
35 トービンは、株価の時価総額と生産設備総額を比較し、前者が大きければ投資を(　　)とした。	実行する
36 今期と前期の工場設備の差を埋める行動が投資であるという考え方を(　　)原理という。	資本ストック調整
37 ケインズは投資の限界効率が(　　)を上回れば投資が行われるとした。	利子率

●総需要・総供給分析 　　問　題　　　答

問題	答
38 労働市場において、古典派の第一公準をケインズは認めて(　　)。	いる
39 労働市場において、労働供給が(　　)に依存して決まることを、古典派の第二公準という。	実質賃金
40 労働市場において非自発的失業が生じるのは、労働供給が(　　)賃金に依存して決定されるためである。	名目
41 古典派の総供給曲線の形状は(　　)となる。	垂直
42 ケインズの総供給曲線の形状は、完全雇用でない場合、(　　)となる。	右上がり

43	総需要曲線と総供給曲線で、財政政策を実施するとシフトするのは、( )である。	総需要曲線
44	貨幣供給量を増加させる政策をとった場合、総需要曲線は( )シフトする。	右
45	貨幣市場と財市場は完全に分離しており、お互いに影響し合うことはないと考えることを「古典派の( )」という。	二分法
46	貨幣数量説は、貨幣の供給量とその流通速度が( )の水準を決定しているという考え方である。	物価
47	フリードマンの新貨幣数量説ではマーシャルのkは( )と考えられている。	変動する
48	マーシャルのkとは、( )の逆数のことである。	貨幣の流通速度

マクロ経済学

●フィリップス曲線と自然失業率仮説

問　題	答
49　フィリップス曲線とは、賃金上昇率と( )の関係を示した曲線である。	失業率
50　フリードマンによると、長期フィリップス曲線は( )となる。	垂直
51　完全雇用でも存在する失業率を( )という。	自然失業率
52　フリードマンはケインズの裁量的な有効需要拡大政策は無効であり、自然失業率水準で( )のみが上昇すると批判した。	物価
53　成長の不安定性原理を唱えたのは( )である。	ハロッド＝ドーマー
54　ハロッド＝ドーマーは、投資が生み出す効果として、需要創出効果と( )効果という投資の二重性に注目した。	生産力

財政学のかんどころ

重要度 ＊＊＊＊
難　度 ＊＊＊

財政学のポイント

● 政府の活動(財政活動)を、経済学の視点から扱った学問
● 「財政」「税」「公債」の各理論を押さえる。日本の予算や財政事情も出やすい
● ミクロ／マクロ経済学との重複もある。乗数や弾力性の概念は一緒に確認
● 時事問題が出題されやすい。新聞等で予算に関する情報は得ておこう

★→重要項目　事情→時事問題あり　計算→計算問題あり

◯ 財政理論…政府の経済活動の役割ってなんだろう？

● 財政の機能/財政学の理論 (P183) …
　経済学者の考え方や主張を覚える
● 予算制度 (P185) …日本の予算制度★
　事情/予算の原則とは？

また赤字
だよ…

予算

◯ 税制…租税の役割と経済に与える影響は？

● 租税の根拠/課税理論 (P188) ★
● 租税の転嫁と帰着 計算 …租税分を支払うのは誰？

◯ 公債…公債と租税は同じ？ 違う？

◯ 公共財…特殊な公共財の性質を覚える

攻略のコツ

◎ 財政学は暗記系の出題が多い。計算問題はマクロ経済学の乗数を確認しておこう

◎ 各理論の他に、日本の予算や税制なども出題されやすい。数値の最新データは財務省のホームページで確認しよう

経済科目

01 財政学

財政＝政府の活動の機能をチェック

財政理論

財政学

財政理論

1. 財政の機能

　市場が完全競争であれば、無駄がなく効率的な経済状態を実現できる。完全競争が満たされない場合、効率的な経済は実現できなくなる（市場の失敗）。これをカバーするのが財政の役割。

市場の失敗（P143）の他にも、所得格差や失業・インフレーションの発生がある
→経済は望ましい状態ではなくなる
→政府が財政を通じて３つの機能を果たす

＜マスグレイブ　財政の３機能＞

資源配分**機能**	市場経済の非効率を補うため、政府が公共財を供給すること
所得再分配**機能**	累進所得税※により高所得者から税金を多く徴収し、低所得者に生活保護・医療失業保険などの社会保障を行うこと ※高所得者ほど税率が上がる制度。　例：所得税
経済安定化**機能**	市場で発生する不安定な経済変動に対し、公共投資などの財政政策で経済変動の幅を小さくすること

2. 財政学の理論

主張者	理論	内容
ケネー	重農主義	『経済表』（1758年）の中で土地のみが富の唯一の源泉であるとし、財政論の立場からは土地単税論を主張
アダム・スミス （古典派経済学 の創始者）	自由放任主義	個人が自由に利益を追求することによって、経済は「神の見えざる手」に導かれるように、効率的で望ましい状態になる
	公債排撃論	国家の役割を、国の防衛や治安の維持などに限定し、原則として、国家が借金をしてまで活動してはならない
J. S.ミル	生産・分配峻別論	『経済学原理』（1948年）で、資本主義経済の現実を通して、社会体制の維持と経済発展のため、財政による国家介入の必要性を認めた。社会政策的配慮と所得分配の公平化という観点を強調

183

ワグナー	経費膨張の原則	国家の経費は、絶対額だけでなく、国民所得の規模に対する相対的比率においても増加する
	国家有機体説	国家は生命体と同じ統一体と考える。国家に社会の構成員を超えた独自の意義と機能を求める
ピーコック、ワイズマン	転位効果	戦争などの特殊な事情を契機として、国家の経費は飛躍的に増加し、特殊な事情がやんだ後も、高水準を維持し続ける
ケインズ マクロ経済学の中心人物だね	裁量的財政政策論	世界恐慌後の失業の大量発生を経験し、価格メカニズムの自動調整機能のみに頼るのではなく、状況に応じて政府が裁量的な財政政策を行うべきであるとした

＜ケインズ経済学への批判＞

主張者	理論	内容
マネタリスト（フリードマン） ケインズへの批判者としてマクロ経済学にも登場したよ	自然失業率仮説	ケインズ的な財政政策は短期的には失業率を減らす効果があるものの、長期的には失業率がもとの水準（自然失業率）に戻り、政策の効果が消える、と主張（P174）
	k％ルール	中央銀行があらかじめ民間部門にアナウンスした一定の率（k％）でマネーサプライを成長させる政策（P173）
合理的期待形成学派（ルーカス、サージェント）	合理的期待形成	人々の将来に対する予想（期待形成）をモデルの中に取り込んだ理論。人々も企業も政策の結果を正しく予測し行動するため、裁量的な財政・金融政策の有効性は否定される
	ルーカスの批判	ケインズ（ケインジアン）型の経済モデルでは、人々が抱く将来のインフレ率（物価上昇率）の予想値が変化すること等を想定していない点で不十分と批判
フェルドシュタインら	サプライサイド・エコノミックス	1970年代後半に登場。有効需要に注目したケインズ学派に対し、経済の供給サイドに着目。その活性化のため、政府が減税等の措置を積極的に講じるべきと主張。レーガン政権の経済政策の理論的支柱となった
ブキャナン＝ワグナー	公共選択論	政治経済学の観点から、ケインズを批判。 民主政治の下では、財政支出の増加や減税は支持されるが、財政支出の削減や増税は支持されにくい。特に好況期の増税は不人気な政策であるため、景気が好転しても増税が行われず、政府の規模は拡大していくとした

02 財政学

予算原則と、日本の実際の予算を比較して考えよう

予算

1. 予算の基礎知識

●予算…政府の経済活動を集計したもので、公共部門の経済活動のあり方を示す。

＜会計年度独立の原則＞…歳出はその年度の歳入をもって賄わなければならない

単年度主義	予算は会計年度ごとに作成される
（例外） ※国会の議決を経る必要あり	継続費：工事、製造その他の事業で、完成に数会計年度を要するもの 国庫債務負担行為：支出は翌年度以降になるような債務を国が契約などで負担する行為

＜予算の種類＞

一般**会計予算**	国の一般の歳入歳出を経理する会計予算
特別**会計予算**	国が特定の事業を行う場合に設ける予算
政府関係機関予算	政府関係機関→特別の法律によって設立された法人。資本金は全額政府出資。予算は国会の議決が必要

※予算は国会の議決が必要。

本予算	会計年度前に成立する予算
暫定予算	会計年度開始までに本予算が成立しない場合、本予算が成立するまでの必要な経費を支出するために組まれる予算
補正予算	本予算の執行過程で、天災地変、経済情勢の変化あるいは政策の変更などで当初の予算どおり執行することが不可能な場合に予算の内容を変更する予算
決算	予算の執行が終わると作成される。会計検査院の検査を経て国家で審議される。国会の議決によっても予算執行の効力は左右されない

●基礎的財政収支（プライマリー・バランス）…ある年度で必要とされる政策的経費がその年度の税収でどの程度賄われているかを示す指標。国債などの借金を除いた歳入と、過去の借金の元利払いを除く歳出の収支。

国と地方のプライマリー・バランスは赤字。政府は2025年度の黒字化を目標としている。

2. 予算制度

財政民主主義を維持するような予算にするため、経験的知識に基づいて予算原則が定式化されている。

<予算原則>

予算の内容・形式の原則	単一性の原則	国の財政収支は単一の予算で計上される ※ただし、日本では予算を3つに分けている
	ノン・アフェクタシオンの原則	特定の収入と特定の支出を結びつけてはならない 理由 支出が硬直化し、効率的な運営に支障をきたすため ※日本では揮発油税（ガソリン税）などが存在し、この原則が満たされていない
	明瞭性の原則	予算は国民にとってわかりやすくする
	完全性の原則＝総額計上主義	予算は収入と支出を漏らさず計上する。 →項目の最終的な差額のみを計上するのはNG
予算過程の原則	厳密性の原則	予算は正確に作成する
	事前性の原則	予算は執行される前に国会の議決を受ける。 →憲法85条：国費を支出し、又は国が債務を負担するには、国会の議決に基づくことを必要とする（国費支出議決主義）
	限定性の原則	計画である予算は、財政活動の規律づけのために限定性を持たせる。 • 質的限定→項目間の金額の移動禁止 • 量的限定→予算を超える支出の禁止 • 時間的限定→会計年度独立の原則「支出はその会計年度の収入で賄うべき」
	公開性の原則	予算は国民に公開されなければならない。 →憲法91条：内閣による国会への財政状況の報告

3. 国と地方の財源調整

地方交付税	財政力格差の是正を目的とする、使途制限のない一般財源。 財源は特定の国税の一定割合が充てられており、この比率を交付税率という。2022年の交付税率は、所得税の33.1％、酒税の50％、法人税の33.1％、消費税の19.5％、地方法人税の100％
地方譲与税	本来、地方の財源となる税だが、徴税コストなど経済合理性を理由に国が一括徴収し、一定の基準で地方公共団体へ譲与される一般財源
国庫支出金	公共事業・社会保障・教育など、国が使途を限定して地方公共団体に交付する補助金、負担金

4. 所得分配理論

●ローレンツ曲線…ある国における所得分配の不平等の度合いを表す曲線。
世帯を所得の低い順に並べ、横軸に人口構成比、縦軸に所得構成比をとった
もの。曲線が対角線から離れるほどその
社会の所得の配分状況は不公平。

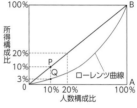

- 点P：国民の10％で、全体の所得の10％を受け
取っている
- 点Q：国民の10％で、全体の所得の３％しか受
け取っていない

→点Pに比べ点Qは所得の配分状況が不公平

●ジニ係数…対角線とローレンツ曲線の間の部分の
面積と、図の下の三角形OABとの比。

所得分配	図の状況	ジニ係数
完全に平等	ローレンツ曲線は対角線と一致	0
完全に不平等	ローレンツ曲線は横軸・縦軸と一致（OABになる）	1

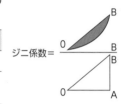

●負の所得税（フリードマン、トービン）…所得税を貧困層まで拡大し、税
額がマイナスになる所得階層ではマイナスの課税（給付）を行う制度。特
徴として以下の２つがある。

①公的扶助（生活保護）と所得税制度を統合した

②給付を受けるものであっても働けば所得が増加する（給付を減らされない）
制度のため、労働供給を促進できる

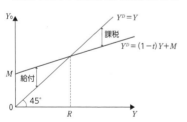

M：最低所得水準　R：所得の収支分岐点
t：負の所得税率　Y：課税前所得　Y^D：課税後所得

- 通常の所得税
  ⇒課税最低限以下の所得の人→課税額
  はゼロ
- 負の所得税
  ⇒所得水準の低さに応じて追加的に給
  付を行う

※低所得者が自分で稼いだ所得は、合計
所得額を増やすことになるため、労働
意欲をそがない

所得が低くなるほど給付額は増加。
所得ゼロの人には、最低生活水準に見合う所得額
が支給されるよ

187

03 財政学

租税の役割を押さえよう

租税

1. 租税の根拠

利益説（応益説）	享受している公共サービスに応じて租税を徴収する＝公平 という考え
能力説（応能説、義務説）	租税の支払い能力（租税負担能力）に応じて租税を徴収＝公平 という考え。現在の租税学説の主流

2. 特殊な課税論

ラムゼーの最適課税問題	政府が税収を上げるために個別の財に間接税をかける場合、資源配分上のゆがみを最小にするには、各財にかける税率をそれぞれどう定めたらいいのか、という問題
ラムゼー・ルール （逆弾力性の命題） 社会的余剰(厚生)の減少は最小限でも、低所得者ほど、負担が大きいね…	個別の財への税率は、財の需要の価格弾力性（P134）に反比例（逆比例）させるべきとする原則。[需要の価格弾力性が小さい財により高い税率を賦課する]。課税による経済厚生の損失を最小限に抑えるのが目的。 （例）水やコメ→高税率、ブランドバッグ→低い税率
マーリーズの最適所得税論	社会で最も高い勤労所得を得ている人には、ゼロに近い税率を適用するのが望ましいという理論。高所得者ほど税率を低くすることで勤労意欲が高まり、社会全体の所得が必ず高くなると考える。資源配分上の効率性を追求した所得税制度を分析する理論

特殊な課税論は一般常識と違うので特徴を覚えておこう！

3. 租税の転嫁と帰着

課税による社会的余剰の減少⇒税による「経済厚生の損失」または「超過負担」「死重損失」「死重」と呼ぶ。

●課税と余剰分析…課税で供給曲線は上にシフトし（S→S'）、需要曲線と供給曲線の交点である取引点はEからF点（価格P_1、取引量X_1）にかわる。※課税額はFH

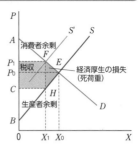

＜FHのぶん課税された場合＞

	課税前の余剰	課税後の余剰
消費者余剰	△AEP_0	△AFP_1
生産者余剰	△BEP_0	△BHC
税収入	—	四角形P_1FHC
総余剰	△AEB	台形$AFHB$
厚生上の損失	—	△EFH（課税前の社会的総余剰 △AEBから減少した部分）

●租税の転嫁…租税負担の一部または全部が、他の経済主体に移転されてゆくプロセス。

＜転嫁のタイプ＞

前転 （前方転嫁）	生産者（売り手）から消費者（買い手）へ税負担が移転するケース 生産者→卸→小売→消費者　と負担が転嫁する。例：消費税を上乗せして販売
後転 （後方転嫁）	消費者（買い手）から生産者（売り手）へ税負担が移転するケース 生産者←卸←小売←消費者　と負担が転嫁する。例：消費税を引いて販売
消転	企業努力や技術向上で、課税のコスト上昇を外部へ転嫁せず消滅させるケース

＜価格弾力性と租税の転嫁＞

需要の価格弾力性	大きいほど、消費者の負担は小さくなり、逆に生産者の負担は大きくなる
供給の価格弾力性	大きいほど、消費者の負担は大きくなり、逆に生産者の負担は小さくなる

＜特殊な需要・供給曲線と租税の転嫁＞

需要の価格弾力性がゼロ	税はすべて消費者に転嫁
需要の価格弾力性が無限大	税はすべて生産者に転嫁
供給の価格弾力性が無限大	税はすべて消費者に転嫁
供給の価格弾力性がゼロ	税はすべて生産者に転嫁

弾力性の小さい（曲線の傾きが大きい）経済主体のほうが租税の負担が大きいと覚えよう！

04 財政学

公債（国などの借金）と
租税の負担転嫁がキモ

公債論

1. 公債は租税よりも将来に負担を転嫁するという立場

アダム・スミス、J.S.ミル	公債発行は、課税により元利（元金と利息）を支払わされる将来世代の負担となる（将来世代へ負担の転嫁）
モディリアーニ	公債発行が資本蓄積を抑制するという側面で、公債のほうが将来への負担の転嫁が大きいと主張

2. 公債と租税では差異がないという立場（等価定理・中立命題）

リカード	発行時の世代が生存中に公債の償還が実施されれば、生存期間での所得の現在割引価値※減少額は租税による場合と同じで、経済効果に差異がないと主張　　　　　　　　　　※将来受け取る金銭を、現在の価値に直したもの
バロー	2つの世代にまたがって公債の償還が行われても、第1世代が第2世代時に行われる増税に備えて遺産を残すため、経済効果は租税と等しくなる

3. その他の学説

ラーナー（新正統派）	国債を内国債（国内で発行する国債）と外国債（海外で発行する国債）に分けて議論を展開。内国債は公債発行による将来世代への負担の転嫁は生じないが、外国債では公債発行による将来世代への負担の転嫁が生じる
ブキャナン	負担を「意思の強制」ととらえる。公債は保有したい投資家が自発的に購入するのだから自発的取引であるが、課税は強制力をともなう非自発的取引であるとする。増税する代わりに公債を発行することは、将来の償還時点で、国民の意思にかかわらず償還財源の確保のために増税される。つまり現在の国民が将来の国民に負担を転嫁する
ボーエン＝デービス＝コップ	増税による可処分所得（税引き後の所得）の減少で消費量が減ることを負担ととらえる。2世代を考えると、公債償還のために増税される第2世代では、公債を保有していない者の可処分所得が減少し、その世代全体の可能消費量は減少する。つまり負担が第2世代に転嫁される

経済科目 **05** 財政学

公共財の性質と、価格、取引量の決定方法を見ておこう

公共財

財政学

公債論／公共財

1. 公共財の性質

公共財は、次の2つの性質を持つ財。例：灯台、警察サービス、防衛など

非競合性	だれもが同時に同じ財を消費できる
非排除性	対価を支払わない者のその財の消費を妨げることが、技術上・物理的に困難、または不可能なこと

2. 公共財と価格メカニズムとの関係

公共財の存在は、価格による取引にそぐわず、市場メカニズムを損なう
→パレート最適（効率的な資源配分）も達成できなくなり、市場の失敗が生じる

 しかし

政府が価格の役割を担い、市場メカニズムを補完することで、パレート最適を達成することが可能になる（次項：リンダール均衡）

3. リンダール均衡

<リンダール均衡に基づく公共財の取引量の決定方法>

②個々の需要曲線を垂直方向に加えたもの（D_{A+B}）が社会的需要曲線。これは公共財に対する社会の総合的な評価を示す

③社会的需要曲線と公共財の供給曲線(限界費用曲線)の交点Eに、公共財の最適な取引量が決定される

①政府が公共財に対する個々の消費者の効用（満足度）を調査。公共財に対する消費者ごとの需要曲線を導出（D_A, D_B）

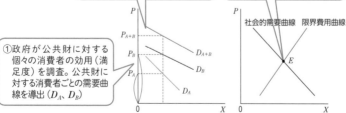

 例えば、需要量に合った税金を負担させ、その税金で公共財を供給するということだよ

191

財政学の 一問一答チェック

Check

（　）に当てはまる言葉を答えよう

問　題	答
1 完全競争が満たされない場合を（　）という。	市場の失敗
2 財政の3機能とは、所得再分配機能、経済安定化機能と（　）である。	資源配分機能
3 個人が自由に利益を追求することによって、経済は「神の見えざる手」に導かれるように効率的で望ましい状態になると主張したのは（　）である。	アダム・スミス
4 （　）は、国家の経費は、国民所得の規模に対する相対的比率においても増加するとした経費膨張の原則を唱えた。	ワグナー
5 自然失業率仮説を唱えたのは（　）である。	フリードマン
6 ブキャナン＝ワグナーは、（　）で政治経済学の観点から、ケインズ的な財政政策を批判した。	公共選択論
7 予算原則において、特定の収入と特定の支出を結びつけてはならないとする原則を（　）という。	ノン・アフェクタシオンの原則
8 歳出はその年度の歳入をもって賄わなければならないことを（　）という。	会計年度独立の原則
9 会計年度開始までに本予算が成立しない場合に組む予算を（　）という	暫定予算
10 国債などの借金を除いた歳入と、過去の借金の元利払いを除く歳出の収支を（　）という。	プライマリー・バランス、基礎的財政収支
11 国が地方の財政力格差を是正する目的で、国税の一定割合を地方に交付しているものを（　）という。	地方交付税
12 最適課税において、ラムゼーは需要の価格弾力性が（　）財に、より高い税率を賦課すべきであるとした。	小さい
13 マーリーズは、最も高い勤労所得を得ている人に対しては、（　）に近い税率を適用することが望ましいとした。	ゼロ
14 租税の転嫁で、生産者（売り手）から消費者（買い手）へ税負担が移転することを（　）という。	前転
15 （　）は、公債の償還が発行時の世代が生存中に実施されるとしたら、公債発行は租税による場合と同じで経済効果に差異がないと主張した。	リカード

第 3 章

行 政 科 目

科目別出題数の例

試験種別	国家一般職 （大卒）	裁判所	地方上級	特別区	市役所
政治学	5	—	2	5	2
行政学	5	—	2	5	2
社会学	5	—	0〜2	5	—
国際関係	5	—	2〜3	—	4
社会政策*	—	—	2〜3	—	3

※出題数は自治体や年度によって変わる場合があります。受験する団体の出題形式を各自
　でチェックしてから、勉強を始めてください。
＊社会政策は、環境・労働・人口・社会保障のテーマから問われます。時事的な要素が強
　いので、ニュースをチェックし、時事問題の対策書などで勉強しましょう。

行政科目はこれだけ押さえる!

① 行政科目は暗記中心

　行政科目は、高校で学んだ現代社会をさらに深めたような科目。教養試験の政治・経済とも関連が深い。各科目とも、学者と学説が多数登場するため、暗記が中心になる。

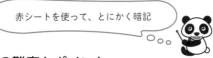

赤シートを使って、とにかく暗記

② 行政科目の難度とポイント

　どの試験種別でも頻出なのが、政治学と行政学。どちらも対象範囲が広いため、試験に出やすいポイントから、暗記を進めよう。行政学は経営学と内容が共通する部分が多いため、本書ではまとめて掲載した。

　社会学は国家一般職などでは出題されるが、地方上級では出題されない場合もある。受験する自治体の配点をチェックしよう。なお、地方上級で出題される「社会政策」は労働や社会保障に関する内容で、時事的な要素も多い。

　国際関係も、時事を含むため対策しにくい科目。選択科目なら、選ばないのも1つの手。得点源にするなら、世界史・日本史で近現代史を補いつつ、最新時事は新聞やニュースでチェックしよう。

種類	難度	特徴	例	ポイント
政治学	☆☆☆	権力や政治思想、各国の政治制度などを分析する	権力論、政治思想、政治・選挙制度、政党・圧力団体	範囲が広く、暗記事項が非常に多い。教養試験の歴史や思想とも重複部分がある
行政学・経営学	☆☆☆	官僚制や行政改革などを分析	官僚制論、公務員制度、行政政策、行政管理、行政責任	ウェーバーとマートンなど、対立する主張を比較して覚えよう
社会学	☆☆	社会集団、家族、都市など社会現象全般を分析	社会学史、集団類型、家族社会学、社会的逸脱	範囲が広い。出やすいポイントを中心に、学者一学説を結びつけて覚える
国際関係	☆☆☆☆	国家間の関係や外交関係を分析	国際連合、軍縮問題、国際関係史	高得点を狙うには幅広い知識が必要。苦手ならば深入りしないのも手

③ 各科目別の攻略のためのコツ

　行政科目は暗記量が多い。そのため出題されやすいポイントを押さえるのが高得点への近道。以下の科目ごとの重要ポイントを意識して対策しよう。

<政治学のポイント>

分野	内容（赤が頻出）	ポイント
政治理論	権力論、リーダーシップ論、政治思想など	権力論が出題の定番。権力の実体概念、関係概念を入れ替えた出題もある。政治思想は、国家論、功利主義、ポリアーキーなどを押さえておこう
政治制度	議院内閣制、大統領制、選挙制度、議会制度、アメリカの制度、イギリスの制度など	小選挙区制、大選挙区制、比例代表制の長所短所を覚える。各国の政治制度ではアメリカが出題されやすい。大統領選挙や、大統領と議会との関係も重要
政治史	日本政治史など	国家公務員総合職と一般職以外ではほとんど出題されない
政党論	政党、圧力団体、コーポラティズムなど	サルトーリの政党システム論が重要。7つのタイプのそれぞれの違いについて押さえる。政党と圧力団体の違いや、ロビイストも頻出
マスコミ論	2段階の流れ仮説、沈黙の螺旋など	コミュニケーションの2段階の流れ仮説に注意しておこう
政治意識	政治的無関心など	ラスウェルとリースマンの分類が重要。それぞれの「無関心」を比較して覚えよう

<行政学・経営学のポイント>

分野	内容	ポイント
行政学史	官房学、アメリカ行政学など	アメリカ行政学に注意。技術的行政学と機能的行政学の違いを理解しよう
科学的管理法	科学的管理法、ライン、スタッフ、POSDCORBなど	科学的管理法、スタッフ、POSDCORBの内容を覚えておこう
行政政策	政策決定モデル、インクリメンタリズムなど	アリソンの政策決定モデル、リンドブロムのインクリメンタリズムが定番
行政組織論	独任制と合議制、行政委員会と審議会など	独任制と合議制の長所短所、行政委員会と審議会の機能の違いを比較して理解しよう
官僚制論	近代官僚制の特徴、官僚制の逆機能など	ウェーバーの官僚制論とマートンの官僚制の逆機能を対比して覚える
行政管理	PPBS、ZBB、NPMなど	PPBSなどのアメリカの行政管理とNPMに注意
行政責任論	F・F論争、オンブズマン制度など	F・F論争、ギルバートの行政統制論が頻出

分野	内容	ポイント
経営学説	科学的管理法、ホーソン実験など	ホーソン実験の非公式組織の重要性を理解
経営戦略論※	アンゾフ、成長戦略、シナジー、PPMなど	企業の成長戦略の理論。PPMの理解が重要
経営学各論※	生産管理、マーケティングなど	生産管理の手法が問われやすい
現代企業の経営※	株式会社、キャッシュフロー計算書など	株式会社の基本を押さえる
経営指標※	損益分岐点分析、安全性分析など	損益分岐点分析はミクロ経済学と重複。関連づけて覚えよう

※は経営学のみで出題

＜社会学のポイント＞

分野	内容	ポイント
社会学史	コント、デュルケム、ウェーバーなど	ウェーバー、デュルケムなどの主要学説をチェック
社会変動論	軍事型社会・産業型社会、文化遅滞説など	社会の変遷の段階を論者とともに覚える
集団類型	生成社会・組成社会、基礎社会・派生社会など	基礎集団と機能集団を、論者がどう分類しているかが重要
家族社会学	核家族普遍説、制度から友愛へなど	核家族普遍説が極めて重要
社会的逸脱	逸脱行動、ラベリング理論など	マートンの逸脱行動では、各適応様式が文化的目標と制度的手段に対して受容か拒否かを整理
都市社会学	アーバニズム論、同心円地帯理論など	アーバニズム論、同心円地帯論が重要
階級・階層	新中間層など	階級と階層の違いを理解する
社会心理	社会的性格、『孤独な群衆』など	フロムの社会的性格論が極めて重要。リースマンの『孤独な群衆』における３つの社会的性格の分類も覚えよう
社会的行為	I（主我）とme（客我）など	ミードのIとmeの違いを理解する
現代社会学理論	AGIL図式、中範囲の理論など	パーソンズのAGIL図式、マートンの中範囲理論を押さえる
社会調査	全数調査、標本調査など	国家一般職では出題されるが、それ以外の試験種ではあまり出題されない

＜国際関係のポイント＞

分野	内容	ポイント
国際連合・主要機関	総会、安全保障理事会など	安全保障理事会の構成、役割に注意。常任理事国の拒否権もポイント
国際連合・専門機関	IMF、UNESCO、IAEAなど	時事ニュースに関連する機関が頻出
地域機構	EU、APECなど	話題になりやすいEUや、大きな国際会議が定期的に行われるAPECの動向を押さえよう
軍縮	NPT、CTBTなど	核兵器関連の軍縮が頻出
国際関係理論／重要概念	現実主義、制度主義、構造主義など	3つの理論と論者を比較して覚える。重要概念は主権国家の定義を押さえる
国際関係史	14か条、トルーマン・ドクトリンなど	冷戦期と冷戦後の出来事が問われやすい。何が起きたのか全体像を理解しておこう
日本外交史	サンフランシスコ講和会議、日米安保条約など	日本の戦後史が問われやすい。重要な出来事は当時の政権名も、整理して覚える

政治学のかんどころ

重要度 ✳✳✳✳
難　度 ✳✳✳

政治学のポイント

● 権力や政治思想、各国の政治制度などを分析する学問
● 権力論、政治思想、政治・選挙制度、政党・圧力団体、マスコミな
　ど幅広いジャンルが範囲
● 行政学、社会学、教養試験の歴史や思想と重複する部分があるので、
　まとめて覚えよう

★→よく出る

● 権力…相手が嫌がっても言うことをきかせる力

● 権力の実体概念・関係概念（P200）★

実体概念…資源がある

関係概念…何も持っていなくても成立

● 政治思想・国家論★…理想の政治ってなんだろう？

● 社会契約説/権力分立論
　（P202）
● 国家論/功利主義/民主主義論
　（P204）

政府批判
と政治参
加が理想

ダール

実現のために

● 政治・議会・選挙制度…どうやって議員を選ぶ？

● 議院内閣制/大統領制（P207）
● 小選挙区制/大選挙区制/比例
　代表制（P208）★

投票箱

● 各国の政治制度★…どうやって国を運営する？

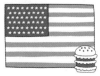

アメリカ
三権分立が厳格

イギリス
議会が中心。
下院>上院

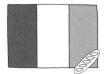

フランス
大統領＞首相

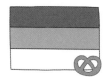

ドイツ
大統領＜首相

中国
民主集中制

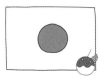

日本
ヴィスコシティが高い

● 政治意識・マスコミ

- **政治的無関心（P214）**

投票してもど
うせ無意味

● 政党・圧力団体★

自分たちの利益をどう実現して
いくか？

- **政党（P212）**…政権獲得を
  目指し、公共の利益を追求
- **圧力団体（P213）**…外から圧
  力をかけて、私的利益を追求

攻略のコツ

◎ 概念、制度、学説の暗記が基本
- 制度や学説の名前と内容を入れ替えた問題が出題されやすい。比較
  して覚えると効率的

◎ 出題されやすいのは、権力論、政治制度、選挙制度、政党、圧力団
  体、政治思想
- 政治学は分野が幅広い。出やすいポイントから優先的に、早めの対
  策をしておこう。どんな出題をされているのか確認することも大切

01 政治学
権力論・リーダーシップ論

1. 権力とは

「他者をその意思に抗しても行動させる強制力」（M. ウェーバー）相手が嫌がっても強制できる力が権力。

勉強しなさい

親

いやだなー
遊びたいなー

子

※これも権力の1つ

2. 権力の実体概念

資源の保有が権力の源泉になる。

論者	資源
マキャヴェリ	軍事力
マルクス	資本
ミルズ	地位

言うことを聞け

軍事力が怖いから従う

資源＝軍事力

資源があるからこそ、権力が行使できる。資源の違いを覚えよう

3. 権力の関係概念

「通常Aがしないことを、BがAにさせたときに、BはAに対して権力を有する」（R.A.ダール）

論者	資源
ダール	有無を問わない

言うことを聞け

通常やってないけど従う

資源＝？

ダールは、資源の有無は問わず「通常やらないことをやらせたか」に注目して権力を論じたよ

4. リーダーシップの類型（シュミット、高畠通敏）

	登場時の社会状態	性格	登場する時代
伝統的リーダーシップ	安定（停滞）期	従前の伝統・慣習に基づいた指導	主に前近代
代表的リーダーシップ	安定期	大衆の同意に基づいた指導	近代民主主義
創造的リーダーシップ	大衆の不満が鬱積している不安定期	新たな価値体系を提示した指導	社会が不安定になればいつの時代でも登場
投機的リーダーシップ		その場しのぎ的な指導	

5. パワーエリート論（ミルズ）

1950年代のアメリカは、政治、経済、軍事のトップエリートによって支配されていた。

6. 多元的エリート論（ダール）

ニューヘブン市を調査したところ、決定権を持つのは各分野によって異なることを指摘。

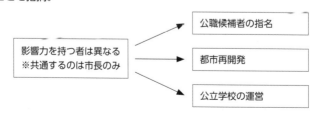

影響力を持つ者は異なる
※共通するのは市長のみ

- 公職候補者の指名
- 都市再開発
- 公立学校の運営

政治思想

1. 社会契約説

● 社会契約説…国や社会の成り立ちを、個人間の相互契約によって成立した
とする思想。
● 自然状態…国や社会が無い状態。
● 自然権…自由権や平等権など自然状態で人があらかじめ持っている権利。

①ホッブズ

主著『リヴァイアサン』にて、「万人の万人に対する闘争状態の自然状態
から、安心して生きていく環境を作るために社会契約を結び、国家を作った」
と主張。その際、自然権は放棄される。

②ロック

主著『統治二論』にて、「平和だが不安定な自然状態から安定的に生活す
るために社会契約を結び、国家を作る。自分たちの持つ自然権を国家に対し
て信託するため、それが裏切られた場合には抵抗権（革命権）を認める」と
した。

ホッブズが自然権の中心を「生命」としているのに対し、
ロックは「財産権」まで含めることに注意しよう

③ルソー

主著『社会契約論』『人間不平等起源論』にて、自然状態こそ人にとっての理想であり、国や社会ができたことで不平等な社会ができてしまったと主張。自由で平等な社会を実現するために、社会契約を結んで共同体を作り、その意思である一般意志に従うことで、人は幸福を実現できるとした。

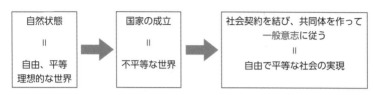

2. 権力分立論

① ロック

『統治二論』において、政治権力を立法権（議会）と執行権および同盟権（国王）に分けて、議会の立法権が国王の執行権と同盟権を抑制することを主張。

② モンテスキュー

『法の精神』において、国家・政府による政治権力を明確に立法権・行政権・司法権の三権に分けて独立させ、お互いにチェック・アンド・バランスをすべきと主張。

ロックは二権分立論、モンテスキューは三権分立論といわれているよ

03 政治学

国とはどうあるべきなのだろう

国家論

1. 国家論

①一元的国家論

国家は他集団に対して優位に立ち、国家は絶対的主権を有する。

論者：ヘーゲル

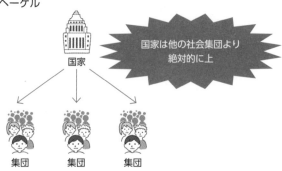

国家は他の社会集団より絶対的に上

国家

集団　集団　集団

②多元的国家論（政治的多元主義）

国家も社会集団の一つ。絶対性は否定される。社会集団間の調整機能を営む。

論者：ラスキ、バーカー、コール、マッキーバー

社会集団間の調整

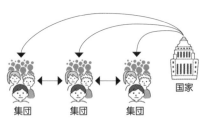

国家は他の社会集団より頭一つ上の程度。社会集団間の調整が国の仕事

集団　集団　集団　国家

「国家は権力を行使するのではなく、他の集団に権力を分与する存在である」（ラスキ）

2. 功利主義

量的功利主義	質的功利主義
ベンサム	J.S. ミル
主著『道徳および立法の諸原理序説』	主著『自由論』
「最大多数の最大幸福」	「個性ある少数者の自由」
人の幸福（快楽）には質的な違いはなく、その快楽を増大させ、苦痛を減少させることが重要 これを「最大多数の最大幸福」と表現した 功利主義は主張者と「量的」「質的」の違い、それぞれのキーワードを整理して覚えておこう！	幸福（快楽）には違いがあり、肉体的な快楽よりも精神的な快楽の方が質として優れている 質的に高い快楽（道徳的善）や正義を実現することを目指すべき これを「満足した豚であるより不満足な人間である方がよく、満足した愚者であるより不満足なソクラテスである方がよい」と表現した

3. 民主主義論

ダール	デモクラシーの理念よりも、現実をより客観的に分析するための概念を主張

「公的異議申立て」と「包括性」の2つの尺度の高低により、4つの政治形態に分類し、いずれも高い状態をポリアーキーと呼んだ。

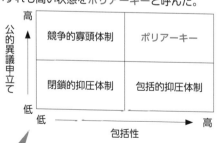

公的異議申立ては「公然と政府を批判できる」こと、包括性は「政治参加できること」を意味するよ

04 政治学

議院内閣制と大統領制が代表的

政治制度・議会制度

1. 現代議会制度の理論

①M. モチヅキ「ヴィスコシティ（粘着性）」

議会で法案の審議を野党が簡単に通過させない能力をヴィスコシティ（粘着性）と呼び、日本ではヴィスコシティが高いと評価している。

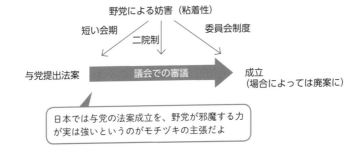

```
              野党による妨害（粘着性）
    短い会期                          委員会制度
              二院制

与党提出法案        議会での審議        成立
                                    （場合によっては廃案に）
```

日本では与党の法案成立を、野党が邪魔する力が実は強いというのがモチヅキの主張だよ

②N. ポルスビー「変換型議会、アリーナ型議会」

変換型議会は、社会からの要望を議会がまとめて法律の形に変換する。代表例はアメリカ議会。

アリーナ型議会は、闘技場（アリーナ）のように、有権者に対して、議員たちが自分たちの政策をアピールする場になる。代表例はイギリス議会。

	変換型議会	アリーナ型議会
機能	社会の要望を法律に変換	弁論で政策の優越を競う
議員の自律性	高い	低い
法案	議員のみが提出	主に内閣が提出
該当国	アメリカ	イギリス

変換型は三権分立が厳格な大統領制
アリーナ型は議会と内閣が関連している
議院内閣制という要素も強い

2. 議院内閣制

<議院内閣制の特徴>

- 国民の選挙で当選した議員による議会から信任を受けた内閣が行政を担う
- 内閣は議会に対して連帯責任を負う
- 内閣は基本的に議会の議員から構成される
- 立法府である議会と行政府である内閣の関係が強い

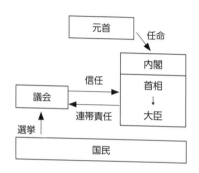

内閣が責任を負うのは「国民」ではなく、「議会」に
対してなんだ。国民が選ぶのは議会の議員のみだよ

3. 大統領制

　行政を担当する大統領（元首も兼ねる）と、立法を担当する議会の議員の
どちらも国民は選挙で選ぶ（二元的代表制）。大統領と議会はそれぞれ、直
接国民に責任を負うことになるので、両者は原則として分離している。

1. 小選挙区制

各選挙区で、得票数が最多の候補者1人が当選する制度。

長所	有権者と密接で選挙費用が少ない。二党制になりやすく政権が安定（多数派に有利）
短所	死票（落選者の得票）が多く、ゲリマンダー※が発生しやすい ※自党に有利なように強引に選挙区を変えること

2. 大選挙区制（中選挙区制も大選挙区制の一種）

各選挙区で、得票数の多い候補者から順に複数当選する制度。

長所	死票が小選挙区制よりも少ない。中小政党も議席を獲得できる
短所	連立政権を組むことが多く、政権が不安定になりやすい

```
┌──────────── 1選挙区（3人区）────────────┐
  ┌────┐  ┌────┐  ┌────┐    ┌────┐
  │ A  │  │ B  │  │ C  │    │ D  │
  │9万票│  │7万票│  │5万票│    │3万票│
  └────┘  └────┘  └────┘    └────┘
  └──────────── 当選 ────────┘    落選
```

3. 比例代表制

各選挙区で、得票率に応じて各党に議席を配分する。

長所	死票が極めて少なく、中小政党も議席を獲得できる
短所	多党制になりやすく、政権が不安定化しやすい

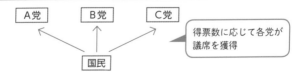

得票数に応じて各党が議席を獲得

06 政治学

各国で微妙に違う点に注意

各国の政治制度

1. アメリカ

①大統領

任期	1任期4年、最長2期8年（3選禁止）
選出	国民が大統領選挙人を選出し、選挙人が大統領候補に投票する（間接選挙） 国民 → 大統領選挙人 → 大統領 連邦議会議員と兼任できない
議会との関係	議会に対する解散権を持たない 法案提出権を持たない 議会への予算提出権がない（予算は議会で編成） 議会に、大統領の法案や予算の希望を述べた教書を送付できる 議会の可決した法案を拒否できる。拒否された法案は議会に戻され、上下両院が2/3以上の賛成で再可決すれば法案成立（オーバーライド）

②連邦議会

	選出方法	任期	固有の権限
上院（元老院） 定数：100	小選挙区制：各州2名	6年 2年おき1/3改選	人事同意権 条約締結同意権 弾劾裁判権
下院（代議院） 定数：435	小選挙区制：各州の人口に比例	2年 解散なし	予算先議権 弾劾訴追権

2. イギリス

①内閣

首相は下院第一党党首が国王から任命される。閣僚はすべて議員。

政権交代に備えて、下院の第2党の議員で構成される「影の内閣」がある。

②議会

	特徴	任期
上院（貴族院） 定数：不定	国王により任命され選挙なし。議員は貴族のみ	終身
下院（庶民院） 定数：650	直接選挙（小選挙区制） 解散あり　下院の議決は上院に対して優越する	5年

政治学

選挙制度／各国の政治制度

3. フランス

大統領	強い権限を持つ大統領と議院内閣制が組合さった制度（半大統領制）。大統領は首相の任免権、軍の指揮権、国民議会（下院）の解散権を持つ 任期5年、最長で2期10年まで 大統領と首相の政党が異なるコアビタシオン（保革共存政権）がありうる
内閣	首相は大統領から任命される。下院の解散権がないなど、権限が弱い 下院からの不信任決議が可決した場合には、大統領が下院を解散するか、内閣総辞職する

4. ドイツ

大統領	国民からの直接選挙では選ばれない（連邦会議による間接選挙） アメリカやフランスの大統領とは異なり、権限は儀礼的、形式的なものに限定
内閣	首相は実質的権限を持ち、下院の過半数の賛成により選出 不信任は、下院議員の過半数の賛成によって後継首相が指名された場合のみ成立（建設的不信任）

5. 中国

国家主席	中国の国家元首（他国の大統領に相当）。全国人民代表大会により選出。対外的活動、法律の公布、国務院総理の任免などの権限を持つ
国務院総理	国務院（内閣）の最高責任者（他国の首相に相当）である。国家主席により指名・任命。全国人民代表大会により選出される
全国人民代表大会（全人代）	民主集中制の原則により、最高の国家権力機関とされている 行政権、司法権に優越する。約3000人の代表により構成、毎年1回開催

07 政治学
日本政治史

自民党と他党を対比して覚えるよ

1. 55年体制

1955年に革新系政党である日本社会党右派と日本社会党左派が合同。革新系政党の統一に危機感を覚えた保守系政党の自由党と日本民主党は、社会党に対抗するため合同し、自由民主党を結成。これを55年体制という。

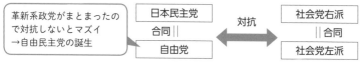

革新系政党がまとまったので対抗しないとマズイ
→自由民主党の誕生

2. 1と1/2政党制

55年体制では、自民党と社会党が二大政党を形成したが、長期間政権交代は起きなかった。選挙の度に自民党が過半数以上の議席を得ることに成功し、社会党はその半数ほどの議席にとどまることが多かったため、1と1/2政党制と呼ばれることもあった。

3. 55年体制の終焉

1993年の衆議院選挙で自民党は、獲得議席が過半数以下となった。日本新党をはじめとした非自民・非共産各党は連立政権による細川護熙内閣に合意。自民党は結党以来、初めて野党になり、55年体制は終焉を迎えた。

1. ウェーバーの政党分類

名望家政党 ➡	大衆政党（近代政党）
名望家（各地域の名士）に選挙権が限定されている。似た価値観の者同士による政党なので、緩やかなルールで分権的 16～18世紀のイギリスの政党が典型例	大衆に選挙権が拡大されたことで、多種多様な異なる価値観の者同士が政党を形成する。厳格なルールで党全体を縛り、中央集権的に運営 20世紀以降の普通選挙が導入された国の政党が典型例

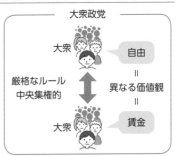

2. サルトーリ（伊）による政党システム論（7分類）

政党制	内容	例
一党制	法的に一党だけが存在する	旧ソ連・ナチス時代のドイツ
ヘゲモニー政党制	複数政党があるが、法定で与党が固定	共産主義下のポーランド
二大政党制	二大政党が自由に競合	アメリカ、イギリス（イギリスは二大政党以外の政党も存在）
一党優位政党制	選挙の結果、一党が優位	55年体制下の日本
穏健な多党制	3～5政党が自由に競合＆連立政権樹立	フランス、ドイツ
極端な多党制	6～8政党が自由に競合＆連立政権樹立	ワイマール共和国・第四共和制フランス
原子化政党制	小党乱立	戦後の混乱期に一時的に出現

政治学

> 利益のため政治に働きかけるよ

09 圧力団体

1. 圧力団体とは

自分たちの利益追求のために、政府の外から圧力をかける集団。利益集団とも言う。

圧力　政府　僕らの利益を実現して　圧力団体

> 政党は政権獲得を目指すけれど、圧力団体は政権の外側から圧力をかけて利益追求するよ

2. 圧力団体の活動

①ロビイスト

アメリカの圧力団体は、議会に圧力をかけるために、ロビイストを雇い、議員への接触などを依頼して利益実現を図る。

圧力かけてくれ　先生、ご協力を

圧力団体　ロビイスト　議員

> ロビイストは元議員、元政府高官、弁護士など議会に精通した人間が多い。登録と献金額の報告が義務づけられているが、禁止されていない

②ネオ・コーポラティズム

政府が政策決定に関して圧力団体の参加を認める制度がネオ・コーポラティズムである。オーストリアやスウェーデンなどで見られる。

政策にご意見を　労働組合　賃金上げて　参加　政府　経営者団体　規制減らして

10 政治学

世論や大衆の政治意識はどう形成される？

政治意識・マスコミ

1. 疑似環境論

リップマンは、マスコミを通して構築された擬似環境が実際の環境に作用すると主張。実際の環境がマスコミの視点で捉えられることで、人々の世論形成に影響を与えるとした。

2. コミュニケーションの2段階の流れ仮説

ラザースフェルドらは1940年代の大統領選挙の調査から、マスメディアが世論に与える影響は限定的だとして、コミュニケーションの2段階の流れ仮説を主張した。

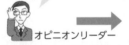

3. 沈黙の螺旋仮説

マスメディアが多く報じる内容が社会の中の多数派であり、取り扱わないことを少数派だと人は思うようになる、とE.ノエル＝ノイマンは主張。その結果、少数派の意見の人は孤立を恐れて沈黙するようになる。

4. ラスウェルによる政治的無関心の分類

無政治的態度	脱政治的態度	反政治的態度
他のことに関心があって、政治には無関心	かつて政治に関与したが、挫折して政治に無関心になる	政治を嫌悪し、敵意を持つ無政府主義

野球大好き！
政治？　ナニそれ？

無政治的態度

政治に力を入れたこともあったけど、今は幻滅

脱政治的態度

政治キライ！
政府いらない！

反政治的態度

5. リースマンによる政治的無関心の分類

伝統的無関心	現代的無関心
政治はそもそも自分とは無関係。前近代社会に多い	政治的知識はあるけど、政治には冷ややか。現代社会に多い

政治は偉い人がやること。自分とは関係ない

伝統的無関心

政治に関心を持ってもしょうがない

現代的無関心

伝統的無関心では「前近代社会が制限選挙だから政治に無関心」という側面もある。現代的無関心は選挙権があるのに政治に無関心というところが特徴的だよ

Check 政治学の 一問一答チェック

（　　）に当てはまる言葉を答えよう

	問　題	答
1	権力とは、他者をその（　　）に抗しても行動させる強制力である。	意思
2	権力の実体概念とは、軍事力や資本など権力の（　　）となるものを持つことが条件となるものである。	資源
3	権力の（　　）概念は「通常Aがしないことを、BがAにさせたときに、BはAに対して権力を有する」と考えるものである。	関係
4	（　　）的リーダーシップは新たな価値体系を提示した指導である。	創造
5	ミルズは政治、経済、軍事のトップエリートによってアメリカは支配されているとする（　　）を主張した。	パワーエリート
6	ダールはニューヘブン市の調査を通じて、決定権を持つのは各分野において（　　）ことを指摘した。	異なる
7	（　　）は主著『リヴァイアサン』において、自然状態を「万人の万人に対する闘争状態」と表現した。	ホッブズ
8	ロックは主著『統治二論』において、社会契約によって国家を作るが、信託を裏切られた場合は（　　）を認めている。	抵抗権
9	ルソーは主著『社会契約論』において、社会契約を結ぶことで共同体を作り、共同体の（　　）に従うことで人は幸福になるとした。	一般意志
10	国家は他集団に対して優位に立ち、絶対的な主権を有すると主張する一元的国家論の代表的論者としては（　　）がいる。	ヘーゲル
11	国家も他の社会集団の1つであるとする多元的国家論の代表的論者としては（　　）がいる。	ラスキ パーカー、コール、マッキーバー
12	（　　）は量的功利主義を主張し、快楽が多ければ多いほど人は幸福になるとして、これを「最大多数の最大幸福」と表現した。	ベンサム
13	（　　）は質的功利主義を主張し、肉体的快楽よりも精神的快楽の方が優れていると主張した。	J.S.ミル
14	ダールは公的異議申立てと包括性の両方が（　　）状態にある体制のことをポリアーキーと呼んだ。	高い
15	モチヅキは、議会において野党が与党の法案を安易に通過させない能力に注目し、これを（　　）と呼んだ。	ヴィスコシティ

	問　題	答
16	（　　）は、社会からの要望を法律に変換する変換型議会と、闘技場のように自分たちの政策をアピールするアリーナ型議会に分類した。	ポルスビー
17	小選挙区制は1選挙区から（　　）人が当選する制度であり、死票が多く出る問題がある。	1
18	大選挙区制は1選挙区から（　　）人が当選する制度であり、中小政党も当選しやすくなるので多党制になりやすい。	複数
19	比例代表制は、得票数に応じて（　　）に議席を配分する選挙制度である。	各党
20	アメリカの連邦議会のうち（　　）は弾劾訴追権を持っている。	下院
21	アメリカの連邦議会のうち（　　）は弾劾裁判権を持っている。	上院
22	（　　）体制とは、1955年に日本社会党右派と左派の合同に対して、自由党と日本民主党が合同して自由民主党が結成されたことをいう。	55年
23	（　　）は19世紀までの分権的な名望家政党から、20世紀になって中央集権的な大衆政党へと主体が代わったとしている。	ウェーバー
24	ヘゲモニー政党制とは、複数政党が認められているが、（　　）により与党が決定されている政党制のことをいう。	法定
25	圧力団体とは、自分たちの（　　）追求のために政府の外から圧力をかける集団のことをいう。	利益
26	アメリカでは、圧力団体から依頼を受けて、議会の議員に圧力をかける（　　）が存在する。	ロビイスト
27	（　　）は、政府が政策決定に関して圧力団体の参加を認める制度である。	ネオ・コーポラティズム
28	「コミュニケーションの2段階の流れ仮説」では、オピニオンリーダーが市民とメディアの間に存在し、マスメディアの影響力は（　　）的だとしている。	限定
29	ラスウェルは、政治を嫌悪し、政治に対して敵意を持つ無政府主義のことを（　　）態度と呼んだ。	反政治的
30	リースマンの政治的無関心の分類によれば、現代的無関心とは（　　）がありながら、政治に対して冷ややかな姿勢をとるものである。	政治的知識

政治学

行政学のかんどころ

重要度 ✳✳✳✳
難 度 ✳✳✳

行政学のポイント

● 官僚制や行政改革などを分析する学問
● 官僚制論、公務員制度、行政政策、行政管理、行政責任が出題されやすい
● 組織論は、経営学とも共通部分が多い→経営学もまとめて覚えよう
● 政治学、社会学と重複する部分がある

行政論パート

●行政学史…行政学はどこから生まれた?

● 官房学→シュタイン行政学→アメリカ行政学[技術的行政学・機能的行政学]（P220）

●行政組織論…労働者の怠慢を防ぎ、効率的な組織にするにはどうする?

● 科学的管理法/管理過程論（P222）★
● ライン・スタッフ/意思決定論/POSDCORB（P223）★
● 独任制と合議制/行政委員会と審議会（P226）
● 官僚制論［ウェーバー/マートン］（P228）★

トップの仕事は→POSDCORB

1人の上司から指示（命令一元化の原理）

スタッフが補佐

●行政政策…政策はどのように決まる?

● 政策決定モデル/インクリメンタリズム（P225）★

大規模組織には官僚制が最適!

ウェーバー

逆機能になることもある!

マートン

●行政の管理…
効率的な組織維持のために、どんな管理がなされている？
- 公務員制度★/日本の官僚制/アメリカの行政管理手法（P230）

●行政責任論…
暴走しないよう、行政の仕事には重い責任が課されている
- F・F論争★/行政統制論/オンブズマン制度（P234）

行政外部への責任

ファイナー

行政内部での責任

フリードリッヒ

経営学パート（組織の管理の部分が行政学と共通）

●経営学説…労働者に効率的に働いてもらうには？
- 伝統的管理論/人間関係論/モチベーション論/意思決定論（P236）

●経営戦略論…企業はどんな戦略で動いている？
- 経営戦略論/戦略概念/経営の多角化/PPM（P240）

●経営学各論…企業の管理手法ってどんなもの？
- 生産管理/マーケティング（P244）

●株式会社制度・経営指標

攻略のコツ

- ◎ 概念、制度、学説の暗記が基本
  - 政治学同様、暗記が中心の科目。学者と学説をセットで覚えよう。近年の行政の動向など、時事的な要素が問われることもあるため、時事問題とあわせて対策しよう
- ◎ 政治学・社会学・経営学との関連づけて覚えよう
  - 行政学の内容は、他の科目との重複も多い。関連づけて覚えよう。項目が多いので、問題演習での出題内容を押さえるのも大切

01 行政学

行政学史

> 技術的行政学と機能的行政学の対比がポイント！

1. 官房学

　絶対君主のための統治学を官房学という。政治、経済、社会など国家統治のための包括的な学問。17～18世紀にかけて統一前のドイツ各国で発達。大別して前期官房学と後期官房学に分けられる。

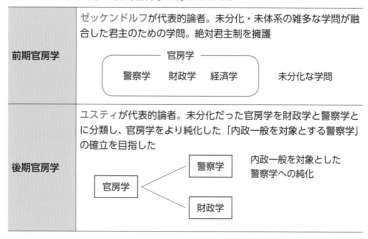

前期官房学	ゼッケンドルフが代表的論者。未分化・未体系の雑多な学問が融合した君主のための学問。絶対君主制を擁護
	官房学 — 警察学　財政学　経済学　　未分化な学問
後期官房学	ユスティが代表的論者。未分化だった官房学を財政学と警察学とに分類し、官房学をより純化した「内政一般を対象とする警察学」の確立を目指した
	官房学 — 警察学　内政一般を対象とした警察学への純化／財政学

2. シュタイン行政学

　19世紀ドイツのシュタインは未分化な官房学を批判し、後期官房学における警察概念を憲政と行政に分離し、両者は相互に優越すると主張した。

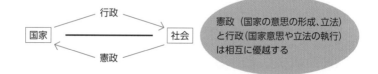

国家 ——— 社会　行政／憲政

憲政（国家の意思の形成、立法）と行政（国家意思や立法の執行）は相互に優越する

3. アメリカ行政学

アメリカ行政学は、ドイツ官房学の影響を受けずに独自に発達。

技術的行政学	政治と行政を分け（政治行政二分論）、行政の能率（機械的能率）を高めることを主眼とした行政学 代表的論者：W. ウィルソン（後の第28代大統領）、F. グッドナウ

アメリカの公務員制度はスポイルズ・システム（猟官制）を採用しており、市長など公選職による任命制になっていた。公務員としての適性よりも、公選職との親しさによって、任命されることが多かった（行政の非効率化）。

そこで、公選職による政治と、公務員による行政を分離することで、行政はビジネスのように効率化が図れるとする、政治行政二分論が誕生した。

機能的行政学	政治と行政を一体のものとして考え（政治行政融合論）、能率を社会的・規範的な面から把握すべきとする行政学 代表的論者：D. ワルドー、M.E. ディモック

世界恐慌に対するニューディール政策（1930年代）では、行政を通じて積極的な政策が行われ、政治と行政を一体のものとして考える政治行政融合論が主流となった。

これにより、技術的行政学のように単に能率のみを追求するのでなく、その質や内容も問われるような機能的行政学が主張されるようになった。

ニューディール政策をきっかけに、行政学の流れが変化しているよ。能率の考え方が違うことに注意しよう

行政学

02

科学的管理法

効率的な組織を作るには？

1. 科学的管理法

技術的行政学は行政の能率を高めるために、行政管理に経営の手法を導入する。注目されたのがアメリカのテイラーの科学的管理法。

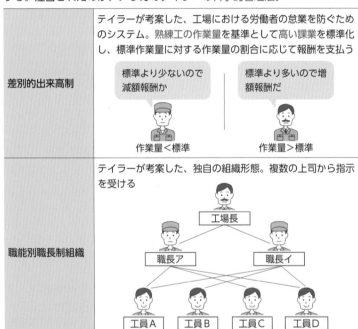

差別的出来高制	テイラーが考案した、工場における労働者の怠業を防ぐためのシステム。熟練工の作業量を基準として高い課業を標準化し、標準作業量に対する作業量の割合に応じて報酬を支払う

標準より少ないので減額報酬か

標準より多いので増額報酬だ

作業量＜標準　　　　作業量＞標準

職能別職長制組織	テイラーが考案した、独自の組織形態。複数の上司から指示を受ける

工場長

職長ア　　職長イ

工員A　工員B　工員C　工員D

複数の職長から指示を受ける

2. 管理過程論

ファヨールはテイラーとほぼ同時期に活躍したフランスの実業家。テイラーが現場の監督からその理論を考えたのに対して、ファヨールは組織全体を見通した管理理論を考えた。

ファヨールは管理活動の要素として「予測」「組織化」「指令」「調整」「統制」の5つを挙げて、これらが循環する管理過程（マネジメント・サイクル）を提唱した。

<管理過程>
（マネジメント・サイクル）

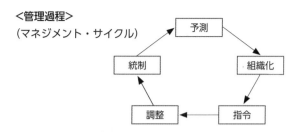

3. ライン・スタッフ

ライン	組織の命令体系である縦系列の組織
スタッフ	ラインに対して助言・勧告する横系列の組織

　プロイセン（ドイツ）の参謀本部をルーツに持つスタッフは、軍隊の上下関係に基づく指揮命令のラインの長に対する助言・勧告機能を行うための組織として誕生した。

●伝統的スタッフ概念…ラインに対する指揮・命令権を持たない。

●現代的スタッフ概念…ラインの長に対する助言・勧告に限定されず、ラインに対する指揮・命令権も持つ。

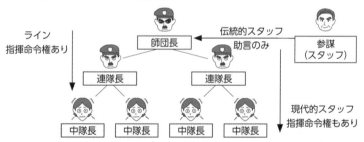

4. 意思決定論

　アメリカの経営学者サイモンは、人間は限定された合理性の中で「満足化原理」に基づいて意思決定していると主張。

経営人	様々な面で制約があり、その制約の中でできるだけ合理的な意思決定を主観的にしようとする（主観的合理性による意思決定）
経済人	意思決定の際にすべての代案を把握し、その結果を正確に予想できる（客観的合理性による意思決定）

現実には客観的合理性（経済人モデル）を達成するのは困難なため、限定された情報の中から「満足しうる」か「十分よい」と思うものを選択する主観的合理性（経営人モデル、満足化モデル）で意思決定すると、サイモンは主張。

情報は限られているけど、なるべく合理的なものを選ぼう

経営人
満足化原理
（現実的）

情報はすべてある。この中から最善のものを選ぼう

経済人

5. POSDCORB

上級管理者による主要な管理機能を類別し，その頭文字を組合せた造語。ファヨールの影響を受けたアメリカのギューリックは、フランクリン・ルーズベルト大統領によって設置されたブラウンロー委員会（行政管理に関する大統領委員会）に参加し、組織のトップが担う管理機能として７つの機能を挙げ、この７つの機能の頭文字を集めてPOSDCORB（ポスドコルブ）という略語を造り出し、提示した。

大規模な組織ではこれらの管理機能を分担して最高管理者を補佐する中枢管理機関の分化が必要であると、ギューリックは主張した。

中枢管理機関とは、いいかえればライン組織に対するスタッフ組織だよ

POSDCORB
Planning（計画）
Organizing（組織）
Staffing（人事）
Directing（監督）
Coordinating（調整）
Reporting（報告）
Budgeting（予算）

組織のトップにはこれらが必要！

大統領は、計画を立てるし、人事もやるし……

ギューリック

03 行政学

政策はどのように作られる？

行政政策

1. 政策決定モデル

アリソンは1962年のキューバ危機におけるケネディ政権の政策決定を分析し、3つの決定モデルを提示した。

モデル	内容	合理性
合理的行為者モデル	政府の目的のために最善の政策案を選択するべく行動	合理的
組織過程モデル	標準的作業手続によって危機にも対応	合理的とは限らない
官僚政治モデル	政府内の主要アクターが組織的基盤により政策決定に参加	合理的とは限らない

アリソンはケネディ政権を合理的行為者モデルと捉えていたよ

2. インクリメンタリズム

リンドブロムは現実の予算作成過程を分析して、政策立案者の行動には以下の傾向があることを明らかにし、これをインクリメンタリズム（漸増主義）と名づけた。

①政策案の目標は、理想ではなく現実の差し迫った弊害の除去とする
②政策案に所属機関と対象集団の利益を考慮するがそれ以外は考慮外
③目的と手段を分けずに両者を組合せた立案をする
④現行の政策にわずかな修正を加えた政策案から始める
⑤実現可能な2〜3の選択肢の中から最善のものを選ぶ
⑥課題は一度に解決せずに、漸進的に解決しようとする

いきなり理想的な政策は無理だなあ……

現行のヤツをベースにしてちょっと変えるか……

政策立案者

行政学

科学的管理法／行政政策

04 行政学

行政組織論

> 一般的なのは独任制。合議制の機関をチェック！

1. 独任制と合議制

行政組織の形態は、大別してトップが単独か複数かによって独任制と合議制に分かれる。

	独任制	合議制
内容	単独の長を頂点とするピラミッド型階統制組織	対等な権限を有する複数の人間によって構成され、その合議に基づいて運営される組織
長所	指揮・命令系統の統一、業務遂行が迅速 業務の一貫性の確保 一般的な行政組織の形態	多様な意見の反映、業務遂行が慎重 中立性の確保→利害の調整が可能 専門的知識・技術の導入が容易 行政委員会や審議会がその例
短所	職務執行の形式化、硬直化を招く 民意が反映されにくい 多種多様な意見が出ない 高度な専門的判断がしにくい 極端に利害が対立した際に調整が困難	職務執行の非効率化（決定に時間を要する） 責任の所在が不明確になりがち 行政の素人化

独任制
トップは1人
独断で決定
行政組織

合議制
トップは複数
会議で決定
行政組織

> 独任制、合議制それぞれの長所短所に注意しよう

2. 行政委員会と審議会

日本における合議制の行政機関は行政委員会と審議会が好例である。

	行政委員会	審議会
内容	行政的規制を行う権限を持ち、ある程度一般行政機構から独立した合議制の機関	行政機関が社会の識者や諸団体の意見を聞くための合議制の諮問機関 →独立性なし
性質	合議制（執行機能）	合議制（諮問機能―答申） ※参与機能（法的拘束力）を有する審議会もある
法的根拠	国家行政組織法3条 地方自治法138条の4Ⅰ・Ⅱ	国家行政組織法8条 内閣府設置法37条 地方自治法138条の4Ⅲ
設置目的	専門・技術的知識の吸収 政治的中立性の確保 利害調整の安定	専門・技術的知識の吸収 行政への世論の反映 住民意見の調整
例	国家公安委員会、 公正取引委員会	法制審議会、国民生活審議会
準立法的機能	規則制定権（法令の委任に基づいて規則を制定）	なし
準司法的機能	行政審判	なし
起源	アメリカの行政委員会 （独立規制委員会）	明治以来、設置
備考	―	所管官庁の言いなり「行政の隠れ蓑」

行政委員会　　　　　　　　　　審議会

答申

大臣

諮問　　審議会

中立性が求められる
行政機関として執行する

行政組織

大臣が専門家などに
政策の意見を求める
会議

省庁

行政委員会は執行機関なので、官庁の一つ。審議会は
諮問機関なので、大臣の相談に答えるのが仕事だよ

05 行政学

> 官僚制のメリットとデメリットは？

官僚制論

1. ウェーバー

＜家産官僚制と近代官僚制＞

ウェーバーは官僚制を「身分の不自由な官吏」から成る家産官僚制と、「身分の自由な契約に基づく官吏」から成る近代官僚制に分類。

分類	時代	内容
家産官僚制	古代〜中世	身分の不自由な官吏（奴隷など）
近代官僚制	近代以降	自由な身分で契約による官吏

＜近代官僚制の特徴＞

ウェーバーは近代官僚制を合法的支配の典型例とし、大規模組織を管理運営する制度として卓越した技術的優位性があるとした。官民問わずすべての大規模組織は官僚制になるとする。つまり、官庁だけでなく、民間企業も官僚制となる。

そして近代官僚制には以下のような特徴があるとした。

種類	内容
規則による規律の原則	客観的に定められた規律に従った継続的な業務を行うこと
権限の原則	職務の執行は法律等により範囲が明確に定められていること。所掌事務が分業されていること
階統制の原則	指揮命令系統がピラミッド型で、上位から下位への一元的命令に基づくこと
公私分離の原則	私生活から区別された職務関係であること。職務に必要な施設、設備、用具等はすべて支給される
官職占有の排除の原則	職位の占有は認められず、世襲や情実での採用、恣意的な罷免は排除されること
文書主義の原則	指令や処分は文書で行い、記録・保存すること。非人格性
任命制の原則	上司の任命による職員の採用であること
専業制の原則	職員は、その業務を唯一の業務として行うこと。副業・兼業ではないこと

> 官僚というと高級公務員をイメージしがちだけど、大規模組織なら官庁も民間企業も官僚制になるので注意

2. マートン

マートンは官僚制について、その特徴が社会にとってプラスの方向に働くとは限らず、逆にマイナスに働くこともあり得ると指摘した。これを官僚制の逆機能という。

マートンの指摘した官僚制の逆機能としては以下のようなものがある。

官僚制の順機能		官僚制の逆機能	逆機能の内容
規則による規律の原則	→	目的の転移	目的を達成するために規則を絶対視するあまり、規則を守ること自体が目的化する
	→	法規万能主義	法規から外れたことは一切できない（形式主義）
文書主義の原則	→	レッドテープ（繁文縟礼）	「規則による規律の原則」と組合さって発生する。文書を重視するあまり文書がなければ行動しない。また、多くの事柄を文書化するため、手続が煩雑になる
権限の原則	→	セクショナリズム（部局割拠主義）	分業が過度になり、関係のある仕事を自己の部局に積極的に呼び込み、関係のない仕事を他の部局に押し付ける。各部署の目的や役割を重視するあまり、全体が見えていない
	→	責任回避	自己の部局の仕事以外の責任は一切負わない。たらいまわし

官僚制の本来の機能は順機能（プラスに働く機能）であるべきだけど、それが逆機能（マイナスに働く機能）になることをマートンは指摘している。
例えば、適度な運動は健康に良いけれど（順機能）、運動しすぎると健康を害する（逆機能）のようなものだと考えればいいよ

06 行政学

行政の管理

> 各手法の特徴と課題を覚える

1. 公務員制度

＜アメリカ＞

スポイルズ・システム（猟官制）※1による情実任用や行政の能率低下などの弊害。

➡ それを改善するため、ペンドルトン法（1883年）の制定により、メリット・システム（資格任用制）が採用される。

特徴：職階制※2に基づく開放型任用制

※1 大統領や市長などの公選職が公務員を任命する制度。アメリカでは現在も幹部公務員についてはこの制度が残っている。

※2 職務をその内容と責任に応じて、体系的に分類し職級に等級化した制度。

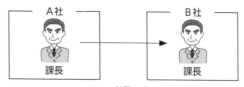

転職
職級が対応していれば同じ等級で転職可能

＜日本＞

戦前は天皇の官吏として任命され、特に幹部職員は文官任用高等試験に合格した者とされた。戦後になると、国民全体の奉仕者としての公務員とされ、国家公務員は人事院、地方公務員は人事委員会による統制を受ける。

特徴：終身雇用を前提とした閉鎖型任用制（入口主義）

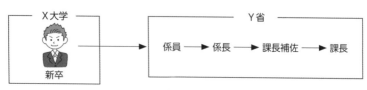

入省
新卒採用が基本で中途採用は少ない

2. 日本の官僚制の特徴

<稟議制>

　起案した稟議書を関係者に回して印を押していき、さらに上位者に回送して、最後に決裁者に至る方法。明治以来の日本独自の意思決定方式。

長所：決定内容の周知徹底、下位職員の士気向上

短所：責任の所在が不明確、能率低下

まるでスタンプラリー

稟議書 Ⓐ　職員A

稟議書 ⒶⒷ　職員B

稟議書 ⒶⒷⒸ　職員C

稟議書 決裁印　課長

<最大動員システム>

　限られた人員、予算、権限などの資源を総動員しつつ、一丸となって目標の実現を目指すこと。

人員

予算

権限

一丸となって資源投入

目標
日本の近代化

<大部屋主義>

　係や課など、同室の職員は協力し合いながら全体で業務を処理する。

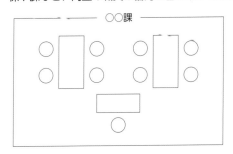

○○課

同室のみんなで協力して
業務処理

3. アメリカの行政管理手法

　予算を管理するためにアメリカにおいて採用されてきた代表的な手法として以下のものがある。

PPBS 計画事業 予算制度	Planning, Programming and Budgeting Systemの略。 1963年からジョンソン政権下で採用された国防予算の管理手法である。 効率性の事前評価を行い、その評価に基づいて予算配分を行う。 手順としては以下の通り。 ①組織の基本的目標と計画を策定 ②予算の作成 ③代替案（費用・便益）の分析―施策の検討 国防予算では成功するが、数値化が難しい分野には適用できず、最終的には失敗に終わった
MBO 目標による 管理	Management by Objectivesの略。PPBSに代わる予算編成手法としてニクソン政権下で採用された。 MBOは達成事業量の事後評価を行い、現場情報に基づく決定をする点に特徴がある
ZBB ゼロ・ベース 予算	Zero-Based Budgetingの略。1970年代のカーター政権下で採用された。 ZBBの特徴は、前年度予算を前提とせずに、ゼロから予算を組み、各政策の優先順位をつける点にある。 政策に優先順位をつけるなど革新的だが、予算査定にコストがかかるのが欠点

4. 行政管理

<第二次臨時行政調査会>

鈴木善幸内閣により「増税なき財政再建」を目指して設置（1981年）。専売公社・電信電話公社・国有鉄道の3公社を民営化（現在のJT、NTT、JR）することが提言された。

<行政改革会議>

橋本内閣で中央省庁の再編を目指して設置（1996年）。中央省庁を1府22省庁から1府12省庁に統合再編し、独立行政法人制度の導入などが提言された。

<NPM（New Public Management 新公共管理論）>

民間企業における経営理念、手法、成功事例を、可能な限り行政分野に導入することで、効率的で質の高い行政を目指すこと。イギリスのサッチャー政権において1980年代前半から大規模に導入され、国営企業の民営化、エージェンシー制度、業績評価などが行われている。

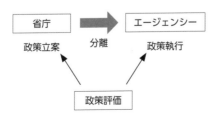

行政行為はどうやってチェックするの？

行政責任論

1. F・F論争（フリードリッヒ・ファイナー論争）

C. フリードリッヒ	H. ファイナー
<内在的責任論> 行政内部における責任を重視。以下の2つの責任を主張 ①政治的責任：市民感情に応答して判断し、行動する責任 ②機能的責任：客観的に確立された技術的・科学的基準に基づいて行動する責任	<外在的責任論> 外部機関に対する責任を重視し、議会など外部機関の問責に対する応答・弁明の責任を主張 行政責任とは、「XがYについてZに対して説明できること」であり、行政による外部機関への説明責任を重視している ※Xは行政、Yは任務、Zは議会にあたる

> ファイナーは、行政に対する議会のチェックを重視する技術的行政学（P221）の立場から外在的責任を重視し、フリードリッヒは機能的行政学（P221）の立場から内在的責任を重視しているよ

2. C. ギルバートの行政統制論

		行政統制が外部から行われるか内部から行われるか	
		外在的統制 ※行政の外からの統制	内在的統制 ※行政の中からの統制
法律上の根拠の有無	制度的統制 ※法律上根拠あり	議会による統制 内閣による統制 裁判所による統制 議会型オンブズマン制度	上司による統制 行政評価・監視 会計検査院・人事院による統制 総務省行政評価局の行政評価
	非制度的統制 ※法律上根拠なし	利益集団による圧力 外部専門家による批判 情報開示請求による統制 マスメディアによる批判	同僚職員による評価・批判 職員組合による批判

3. オンブズマン制度

　1809年スウェーデンで導入が始まった行政監察制度。オンブズマンとはスウェーデン語で「代理人」を意味する。オンブズマンは、行政に関する国民・市民からの苦情を受け付けて、調査・勧告を行う。オンブズマンには、大別して以下の2つのタイプがある。

●議会型オンブズマン…議会により任命される。
●行政型オンブズマン…市長（首長）などの行政により任命される。

オンブズマンに任命します

議会 ⟶ オンブズマン

議会型

オンブズマンに任命します

市長 ⟶ オンブズマン

行政型

日本では1990年に初めて川崎市が行政型オンブズマンを導入。自治体レベルでは行政型オンブズマンが増えているけど、国レベルでは実現していないよ

4. 情報公開制度

　行政が持つ情報を国民の「知る権利」に基づいて公開する制度。1766年スウェーデンで初めて導入されている。

　日本では1982年に山形県金山町で初めて導入されている。その後、1999年に情報公開法が制定され2001年から実施されている。これにより、国レベルでの制度導入が実現している。

<情報公開法の特徴>
①開示請求は誰でも可能（外国人も含む）。
②開示対象は、国の行政機関の職員が組織的に用いるものとして保有する文書、図画及び電磁的記録（国会、裁判所は対象外）。
③個人情報、国の安全・外交情報、公共安全に関わる情報などは不開示。
④不開示情報に不服の場合、情報公開審査会に対して不服申立てが可能。

経営学説

1. 伝統的管理論 (P222)

科学的管理法	テイラー	工場における労働者の怠業（サボリ）を防ぐ管理方法として主張された
管理過程論	ファヨール	組織全体を管理する理論として主張された

2. 人間関係論

　メイヨーとレスリスバーガーが提唱した理論。アメリカのウェスタン・エレクトリック社のホーソン工場で行われた実験（1924～32年に実施）の結果から、作業能率と人間関係の強い相関関係を明らかにした。

＜ホーソン実験＞

　「照明などの作業環境の違いが、作業能率と相関関係がある」という仮説に基づいて行われた実験。ところが、結果を見ると相関関係は見られなかった。

　そこで面接調査による従業員への聞き取りを行ったところ、仲間集団による非公式組織が作業能率に強い影響を与えることがわかった。

＜実験の当初（作業環境の違い）＞

照明の明るさや賃金、休憩時間、温度などの違いが作業能率に影響するのでは？

結果 ⬇
あまり関係ない

＜実験変更（面接調査、人間関係観察）＞

人間は感情に基づいて行動しやすく、人間関係が作業能率に影響を与えるのでは？

結果

仲間集団による作業能率への強い影響が見られる

＜非公式組織の重要性＞

　ホーソン実験の結果から、作業能率に強い影響を与える非公式組織を重視した人間関係論をメイヨーとレスリスバーガーは主張した。

組織形態	特徴
公式組織（フォーマル集団）	公式な規則により配置された地位・役割の体系
非公式組織（インフォーマル集団）	自然発生的に成立した仲間集団

非公式組織

公式組織				
第１製造課	A	B	C	D
第２製造課	E	F	G	H
第３製造課	I	J	K	L

工員A、E、Iはそれぞれ所属している課（公式組織）は違うが、仲間集団（非公式組織）では仲間である。また、H、K、Lについても同様。

＜マズローの欲求段階説＞

A.H.マズローは人間の欲求を5つの段階に整理して、低い次元の欲求から高い次元の欲求に向かって人間は成長していくと考えた。

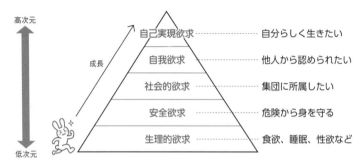

＜マグレガーのX理論・Y理論＞

D.マグレガーは軍隊のような命令や統制などを重視した伝統的な管理をX理論と呼んだ。X理論は「人間は仕事が嫌いで強制、命令されないと働かない」といった人間観に基づく。

一方、彼が新しい管理として主張したY理論は「人間は仕事を嫌がらず、条件次第で満足の源になる」とする人間観に基づいており、職務要件や目標設定によって管理者と従業員が一体となって行う管理を主張した。

＜ハーズバーグの動機づけ・衛生理論＞

F.ハーズバーグは職務満足（動機づけ要因）と職務不満（衛生要因）は別だと主張した。動機づけ要因は「達成感」「承認」「昇進」など職務そのものからの満足であり、衛生要因は「会社の運営」「給与」「対人関係」など職務の周辺にあるものとしている。

伝統的管理方法は周辺の衛生要因ばかりを対象としていて、本当の動機づけ要因を対象としていないと批判した。

4. 意思決定論

＜バーナードの意思決定論＞

C.I.バーナードは以下の重要な概念を提唱した。

協働体系	組織を「2人以上の人々の意識的に調整された活動や諸力の体系」と定義して協働体系と呼んだ
組織に必要な要素	共通目標（構成員が共通して持つ目標）、貢献意欲（構成員が共通目標を達成しようとする意欲）、伝達（共通目標と貢献意欲を結びつけるもの）の3つが必要だとした

共通目標
「良い商品を安く提供」
伝達
「周知徹底」

貢献意欲
「頑張って商品を多く販売する」

組織の均衡	従業員などの組織参加者が、自分の貢献よりも組織が提供する誘因のほうが大きいか等しい、と感じるときに組織が維持されるとした（貢献≦誘因）

自分の成績だと月給30万くらいかな…

従業員の貢献

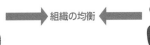

組織の均衡

月給50万出しましょう

会社の誘因

個人的意思決定	個人が組織に貢献するかどうかを判断する
組織的意思決定	個人が組織の一員として判断する

どうしようかな、この会社で頑張ろうかな…

個人的意思決定

この会社の看板を背負って判断する

組織的意思決定

＜サイモンの意思決定論（P223）＞

H.A.サイモンは組織における意思決定についてバーナードの理論をさらに発展させて分析している。代表的な概念に意思決定論（P223）がある。

行政学

経営学説

現代の企業にもつながるよ！

経営戦略論

1. 経営戦略論

H.I.アンゾフは経営学に初めて経営戦略を本格的に導入した経営学者である。

<戦略論>

経営管理において、日常業務的な管理職能の他に、長期的な企業の方向性を見定めた戦略的な管理機能の必要性を主張した。具体的には以下の3つを挙げている。

業務的意思決定	企業の収益性を最大化するために、現場レベルの管理で行われる短期的意思決定
管理的意思決定	企業資源を組織化するために、中間レベルの管理で行われる意思決定
戦略的意思決定	市場など、企業の外部環境に対応する意思決定。トップレベルの管理で行われる長期的意思決定

<成長戦略>

	現行製品	新製品
既存市場	①市場浸透戦略 「他社よりもっと売りたい」	②製品開発戦略 「新製品を売りたい」
新規市場	③市場開拓戦略 「別の市場の人に売りたい」	④多角化戦略 「新しい市場に新製品を売りたい」

①市場浸透戦略…現行の製品で市場シェアを拡大していく戦略
②製品開発戦略…既存の市場に新製品を開発・導入する戦略
③市場開拓戦略…現行の製品で新規の市場を開拓する戦略
④多角化戦略……新規市場に新規の製品を投入する戦略

<シナジー>

既存事業の経営資源を新規事業との共有化することで、相乗効果を発生することをシナジーという。成長戦略の多角化戦略ではシナジー効果が低いためリスクが高い。

既存事業 例：カメラ	共有資源	新規事業 例：内視鏡

共有資源があると、技術や人員をうまく生かせるね！

A.D.チャンドラーは戦略概念を経営学に初めて導入した。

＜組織構造は戦略に従う＞

アメリカの大企業の分析から、経営者は「2種類の経営管理」を行う必要があるとした。

長期的な管理（戦略）	長期的な企業体質の管理
日常業務の管理（一般的な管理）	日常業務を円滑に行うための管理

長期的展望に従って企業の方向性を見定める管理を戦略と呼び、戦略に従った組織（事業部制など）に変化する必要性がある。これをチャンドラーは「組織構造は戦略に従う」と表現した。

＜見える手＞

需給関係による市場の自動調節機能をアダム・スミスが「見えざる手」と表現したのに対し、チャンドラーは経営管理による「見える手」が重要だと主張した。

19世紀のアメリカ経済では小規模な企業による商業が行われていたが、20世紀になると大規模な産業化が進み、大企業による独占資本が発達した。

商業社会から産業社会への変化に伴い、市場機構の「見えざる手」よりも、経営管理の「見える手」が重要になることを主張した。

行政学

経営戦略論

●垂直統合…企業が自社製品やサービスの開発、製造、販売等を自社で一貫して行い、市場に供給すること。

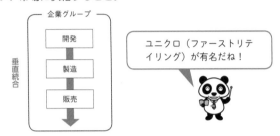

●水平統合…同一業種の複数の企業が他社との合併や提携を結ぶことで、統合すること。

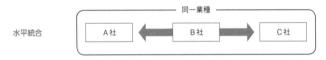

●コングロマリット…直接関連性の無い業種の企業が統合された複合企業。

●M&A…合併と買収により、複数の企業を1つの企業に統合すること（Mergers & Acquisitions）。
買収の方法としては以下のものがある。

TOB (Take-Over Bid)	買付期間、買付数、買付価格を公にして直接株式を買い付ける
MBO (Management Buy-Out)	経営者が企業の経営権を取得するために自社株を買い取ること
LBO (Leveraged Buy-Out)	買収される企業の資産を担保にすることで資金調達すること

＜プロダクト・ポートフォリオ・マネジメント（PPM）＞

　ボストン・コンサルティング・グループによって開発された事業の資源配分に関する分析手法である（Product Portfolio Management）。市場成長率と自社の相対的市場シェアの2つの軸から4つのマトリックスに分けて分析する。

相対的市場シェア

	高	低
市場成長率　高	①花形	③問題児
市場成長率　低	②金のなる木	④負け犬

花形は成長率が高い分、開発投資の費用も増えるね

	資金流入	資金流出	特徴と戦略
①花形 高成長率・高シェア	大	大	商品は売れるがコストもかかる。 →収益は低い
②金のなる木 低成長率・高シェア	大	小	商品は売れるうえ、コストは少ない。 →収益は高く、資金源となって、他の事業へ資金供給する役割を持つ
③問題児 高成長率・低シェア	小	大	商品は売れないうえ、コストがかかる。 →今後、投資を続けて花形に成長させるか、撤退するかの判断が必要
④負け犬 低成長率・低シェア	小	小	商品は売れないが、コストは少ない。 →早期の撤退が必要

＜競争の戦略＞

　M.E.ポーターは自社が他社より優位に立つための競争戦略を主張した。そして以下の5要因を挙げ、3つの戦略から適切なものを選択すべきとしている。

5つの分析

①既存企業間の敵対もしくは競争関係	④供給業者からの交渉力
②新規参入事業からの脅威	⑤製品の買い手からの交渉力
③代替製品からの脅威	

3つの戦略

コスト・リーダーシップ	コスト削減による低価格化
差別化戦略	価格以外からの製品差別化
集中戦略	競合しない市場に特化してその市場で優位性を保つ

行政学

経営戦略論

1. 生産管理

＜フォード・システム＞

アメリカのH.フォードが開発した生産システムである。部品や機械、製品の規格を統一することで標準化し、ベルトコンベヤーに部品を載せて移動させながら組み立てる移動組立法にその特徴がある。

標準化
「部品、製品の規格統一」

移動組立法
「部品移動の流れ作業」

＜トヨタ生産方式＞

日本のトヨタ自動車で開発された生産方式である。

●ジャスト・イン・タイム…生産工程において、必要なものを、必要なときに必要なだけ製造して運ぶ方式。無駄な在庫を造らないリーン生産方式ともいう。後工程から前工程に指示書を渡して部品製造を要求するカンバン方式として有名。

①カンバン

②カンバンに基づく
製造数・納期

前工程
例：部品製造工場

後工程
例：組立工場

作業指示書が「カンバン」といわれていたから、この名前が付いたよ

●自働化…製造工程において異常が発生したら機械が自動停止して、不良品を造らないこと。自働化により人が機械を見張る必要がなく、複数の機械を受け持てるので、生産性が向上する。

製造機械A
稼働中

製造機械B
稼働中

製造機械C
自動停止

Cが止まった！
異常発生！

2. マーケティング

顧客の望む商品を効率的に販売し、企業の利益を高める活動のこと。

<マーケティング・ミックス>

標的とする市場に最適な手段を組合せていくこと。代表的な理論として
E.J.マッカーシーの4Pがある。

顧客にとって重要な4つの要素「製品（Product）」「価格（Price）」「プロモーション（Promotion）」「場所（Place）」の頭文字をとって4Pと呼んだ。

<マーチャンダイジング（商品化政策）>

商品やサービスを適切な数量や価格などで市場に供給する計画や管理のこと。

<プッシュ戦略／プル戦略>

プッシュ戦略	小売業者などに販売員を送り、顧客に積極的に販売する
プル戦略	広告や宣伝によって顧客の好みに働きかけることで、製品の購入を促す

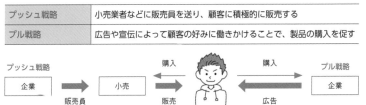

<製品ライフサイクル>

製品が誕生してから廃棄されるまでの過程。導入期→成長期→成熟期→衰退期の4段階に分けられる。

行政学

経営学各論　生産と技術

1. 株式会社

　株式会社は、株式を発行し投資家から資金を調達することで事業を行う、現代の代表的な会社形態である。その組織形態は以下のような構造になる。

株主総会	株主が集まって開く最高意思決定機関である。取締役の選任・解任、定款の変更など重要課題の決定権を持つ
取締役会	業務執行に関する意思決定を行う合議制の機関である。構成する取締役は株主総会によって選任される。株式会社の代表権を持つ代表取締役は取締役の中から取締役会において選出される
監査役	会社の帳簿書類の調査を行う。株主総会において選出され、監査結果の報告を行う。財務諸表が会計上、正当な処理が行われているかチェックする会計監査と、会計の背後にある業務が正当な進め方かをチェックする業務監査に分かれる

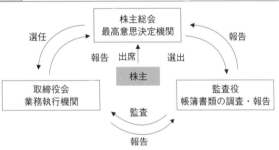

2. 所有と経営の分離

　A.A.バーリとG.C.ミーンズは1929年のアメリカにおける代表的な株式会社200社を調査、そのうちの44％の会社で、筆頭株主の持株比率が20％未満であり、株式が分散されて株主の影響力が低下していることを明らかにした。

　その結果、所有と経営が分離され、株主の意向が経営に反映されず、専門経営者が実質的な経営を行う経営者支配が主流になってきていると主張した。

株式の分散　➡　株主の経営への影響力低下　➡　専門経営者による経営者支配

3. 損益計算書／キャッシュフロー計算書

<損益計算書>

一定期間における経営成績を示す決算書。売上高と費用項目が記載されており、その差額から純利益を知ることができる。

損益計算書の主な項目としては以下のものがある。

①収益…売上高、営業外収益、特別利益
②費用…売上原価、販売費及び一般管理費、営業外費用、特別損失

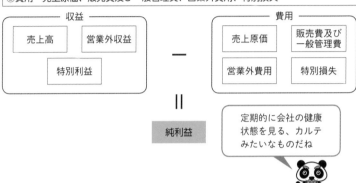

定期的に会社の健康状態を見る、カルテみたいなものだね

<キャッシュフロー計算書>

一会計期間（一般的には４月から翌年３月まで）の始まりと終わりのそれぞれにおいて、キャッシュ（現金など）がどれだけ増減したかを示すもの。

キャッシュフロー計算書では、営業活動、投資活動、財務活動のそれぞれのキャッシュフローが区分されて記載されている。

①営業活動によるキャッシュフロー…売上など会社の主な活動による損益
②投資活動によるキャッシュフロー…資金運用による損益
③財務活動によるキャッシュフロー…資金を借りたり返済したりした結果の増減

経営指標

1. 損益分岐点分析

商品の販売量が増えれば売上が上がり利益が出るが、売上が少ない場合は、損失が発生する。売上と総費用が一致する点を損益分岐点といい、損益分岐点が高いと利益が出にくく、低いと利益が出やすいので、低いほうがよい。

損益分岐図表を使って分析することを損益分岐点分析という。

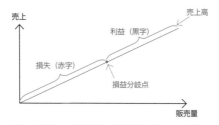

損益分岐点を求める場合、変動費と固定費を分けて考える必要がある。

①変動費…材料費など、売上増加に連れて増える費用
②固定費…家賃など、売上とは無関係に一定額発生する費用

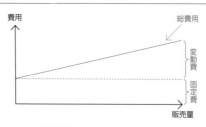

両者を組合せると、損益分岐図表になる。

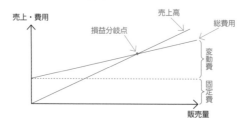

2. 安全性分析

安全性は企業の負債への依存度で分析できる。これを負債依存比率という。負債が総資産に占める割合が低いほど安全性が高く、高いほど安全性が低い。

負債依存比率 低…安全性が高い　　　　　負債依存比率 高…安全性が低い

また、短期の安全性を分析するものとして流動比率がある。流動比率は「1年以内に現金化可能な資産が、1年以内に支払期限が来る負債の何倍あるか」を示す。流動比率が高ければ安全性も高く、流動比率が低ければ安全性も低い。

3. 収益性分析

企業はより少ない資本で多くの利益を得ることが望ましいが、それが効率的に行われているかを示すものが収益性分析である。基本的なものとして「資本に対してどれだけの利益を得たか」を示す資本利益率があり、以下の式で算出できる。

利益÷資本＝資本利益率

この率が高いほど、投入した資本の効率性が高く、低いほど資本の効率性が低い。

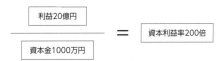

（　　）に当てはまる言葉を答えよう

	問題	答
1	17～18世紀の統一前のドイツにおいて発達した、絶対君主のための統治学を（　　）という。	官房学
2	シュタインは「国家の意思の形成、立法」である憲政と、「国家意思や立法の執行」である行政は、相互に（　　）するとしている。	優越
3	ウィルソンは、アメリカの行政において政治と行政を分け、行政はビジネスのように効率化すべきとする（　　）を主張した。	政治行政二分論
4	アメリカの行政学は（　　）政策をきっかけに、政治行政融合論が主流となり、機能的行政学が主張されるようになった。	ニューディール
5	テイラーの科学的管理法では、（　　）の作業量を基準として課業を標準化し、工員に対する差別的出来高制を導入している。	熟練工
6	スタッフは（　　）の参謀本部をルーツに持ち、指揮命令のラインの長に対する助言・勧告を行う機能を持つ。	プロイセン（ドイツ）
7	サイモンは人間の意思決定は限定された合理性に基づいているとして、できるだけ合理的な意思決定をしようとする概念を（　　）とした。	経営人
8	ギューリックは組織のトップが担う管理機能として7つの機能を挙げて、それぞれの頭文字を集めて（　　）と名付けた。	POSDCORB
9	アリソンはキューバ危機における（　　）政権の政策決定を分析して、合理的行為者モデル、組織過程モデル、官僚政治モデルに分類した。	ケネディ
10	リンドブロムの（　　）では「政策案の目標は、理想ではなく現実の差し迫った弊害の除去」であるとしている。	インクリメンタリズム
11	行政組織の独任制は、長が単独であるピラミッド型の組織であり、意思決定が（　　）で、責任の所在が明確である。	迅速
12	行政組織の合議制は、長が複数であり、合議によって意思決定される組織のため、（　　）を反映できるという長所がある。	多様な意見
13	行政委員会はある程度、一般行政機構から独立し、政治的中立性を確保した（　　）制の機関である。	合議
14	審議会は行政機関が識者などの意見を聞くための合議制の（　　）であり、明治以来の伝統に基づき設置されている。	諮問機関
15	ウェーバーは官僚制を身分の不自由な官吏からなる（　　）官僚制と、身分の自由な契約に基づく官吏からなる（　　）官僚制に分類した。	家産、近代

	問　題	答
16	ウェーバーは行政機関だけでなく民間企業においても、すべての大規模組織は（　　）制になるとしている。	官僚
17	マートンは、官僚制の特徴がマイナスの方向に働くことがありうるとして、これを官僚制の（　　）と呼んだ。	逆機能
18	アメリカの公務員制度では、採用方式として職階制に基づく（　　）任用制が行われている。	開放型
19	日本の公務員制度では、採用方式として終身雇用を前提とした（　　）任用制が行われている。	閉鎖型
20	PPBSは、効率性の事前評価を行って、評価に基づき予算配分を行う予算管理手法であり、アメリカの（　　）政権において導入された。	ジョンソン
21	MBOは達成事業量の事後評価を行い、現場情報に基づく決定をする予算編成手法で、アメリカの（　　）政権で導入された。	ニクソン
22	ZBBは、前年度予算を前提とせずにゼロから予算作成するもので、アメリカの（　　）政権において導入された。	カーター
23	（　　）において、専売公社、電信電話公社、国有鉄道の3公社が民営化されることが提言された。	第二次臨時行政調査会
24	イギリスの（　　）政権は民間企業における経営理念や手法を可能な限り行政分野に導入しようとするNPMを行った。	サッチャー
25	行政責任のあり方として、フリードリッヒは行政における（　　）責任論を主張し、政治的責任と機能的責任を挙げた。	内在的
26	行政責任のあり方として、ファイナーは行政における（　　）責任論を主張し、議会など外部機関に対する責任を重視した。	外在的
27	（　　）の行政統制論では、議会による統制は、制度的統制かつ外在的統制に該当する。	ギルバート
28	ホーソン実験により判明したことは、（　　）組織が作業能率に影響を与えることである。	非公式
29	既存事業の経営資源を新規事業と共有化することで、相乗効果が発生することを（　　）という。	シナジー
30	部品や機械、製品の規格を統一することで標準化し、ベルトコンベヤーに部品を載せて組み立てる移動組立法を（　　）という。	フォード・システム

行政学

社会学のかんどころ

重要度 ✱✱✱
難 度 ✱✱

社会学のポイント

- 社会集団、家族、都市など社会現象全般を分析する学問
- 社会学の範囲は広いが、出やすいテーマは社会学史、集団類型、家族社会学、社会的逸脱、社会心理などに限られている
- 学説の暗記が中心。学者—学説を結びつけて、違いを整理しよう
- 出題されない試験区分もある。志望する自治体の配点を確認しよう

★→よく出る

● **社会学史（P254）**…社会学はどこから生まれた？

創始者	社会学の専門領域を確立	社会システム論	パーソンズを批判
コント	デュルケム、ウェーバー、ジンメル	パーソンズ	マートン

● **社会変動論（P258）**…近代化によって、社会はどのように変わった？

● **集団類型論（P260）** ★…性質によって集団を2つに分類すると？

● **家族社会学（P262）** ★…家族をいろいろな形に分類すると？

マードック	ウォーナー	バージェス	ロック

● **社会的逸脱**（P264）★…ワルになるきっかけはなに？

文化的目標と制度的手段の
受容と拒否で5つのタイプがある

4649

レッテル貼りが原因では？

マートン

ベッカー

● **都市社会学**（P266）…都市の構造にはパターンがある？

● **階級・階層**（P267）…社会階級を分けるのは？

● **社会心理**（P268）★…社会集団にも性格がある？

● **社会的行為**（P269）…社会の中での振る舞い方は？

● **現代社会学理論**（P270）…結局、社会ってなに？

● **社会調査**（P272）

攻略のコツ

◎ **暗記が中心。「名前―学説」をセットにして覚えよう**
- 社会に関するテーマで、いろんな学説が飛び交う。深い理解は必要ないので、ひたすらに「学者の名前―学説―他説との違い」をセットにして覚えよう

◎ **共通項目がある科目は一緒に覚える**
- 政治学・行政学・思想とは共通項目も多いため、整理して覚えよう。複数の論点で登場する学者に注意

社会学史

1. コント（仏：社会学の創始者）

A.コントはフランス革命後の混乱した19世紀前半に社会学を構想し、社会学の創始者とされる。

＜社会有機体説＞

社会は、個々の人間を超えた1つの実体としての生物のような存在であり、社会を分析するには一体のものとして捉える必要がある。これを社会有機体説という。社会有機体説から、社会学を社会静学（社会構造や状況を分析）と社会動学（社会の歴史的変化を分析）の2つに分けた。

社会有機体説

社会
| 宗教 | 家族 | 教育 |
| 科学 | 政治 | 文化 |

社会は生物のように様々な要素の集まりで、個別
に分けても社会全体はわからない

社会学
├ 社会静学（構造を分析）
└ 社会動学（歴史的変化を分析）

＜3段階の法則＞

社会動学として、社会の発展を分析したもの。人間の精神の3つの発展段階に対応して、社会や政治も発展していくと主張した。

人間精神の発展	神学的段階 → 形而上学的段階 → 実証的段階
社会の発展	軍事的段階 → 法律的段階 → 産業的段階
政治の発展	神政 → 王政 → 共和制

> コントは社会を生物のように「部分に切り分けられない一体のもの」として分析すべきだとして、社会学という学問を考え出したよ

2. デュルケム（仏：社会学者）

デュルケムはコントの次世代としてフランスで活躍した。

＜社会学主義＞

人は外在する社会的事実によって行動・思考を拘束される。社会学主義は社会的事実によって、社会を説明する。このとき社会的事実は「モノのように観察されねばならない」とした。

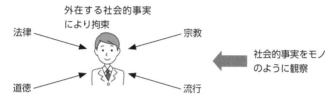

＜自殺論＞

デュルケムは主著『自殺論』で、社会的事実の考え方をもとに、社会的要因が自殺に与える影響を分析し、自殺の類型化をした。

所属する社会集団の凝集性（まとまる力）の強弱、規制力（道徳など）の強弱によって4つに分類される（宿命的自殺は脚注で触れている程度）。特に社会的規制が無い状態をアノミー（無規制状態）と呼んでいる。

社会集団の凝集性	弱	自己本位的自殺	孤独な自殺。プロテスタントの自殺など
	強	集団本位的自殺	殉死・殉教
社会集団の規制力	弱	アノミー的自殺	有閑層の自殺。欲求の無規制状態に耐えられない
	強	宿命的自殺	アノミー的自殺の対置。欲求の過度な規制

＜社会分業論＞

社会的連帯の形を、分業が未発達で個性のない同じような成員で成り立っている機械的連帯と、分業が進んで異なる個性の成員で成り立っている有機的連帯の2種類に分けた。

社会の発展は機械的連帯に基づく環節的社会から、有機的連帯に基づく有機的社会へと発展していくとした。

機械的連帯に基づく環節的社会 → 有機的連帯に基づく有機的社会

分業による社会の発展

3. ウェーバー（独：社会学者）

デュルケムと同世代のドイツの社会学者。理解社会学を提唱。

＜理解社会学＞

なぜそのような社会的行為をしたのか、その動機を探り、理解しようとする学問。現実そのものではないが、説明に有効なモデルとして「理念型」を提唱。

＜社会的行為の4類型＞

感情的行為	その場の感情に基づいて行われる行為　例：酔っぱらいのケンカ
伝統的行為	慣れた刺激に対して特に意識しないまま決まった反応を示す、習慣化された行為　例：元旦のお参り
目的合理的行為	それがもたらす将来的な結果についての予想・計算をもとに、目的達成のために合理的な手段を選択して行われる行為　例：株取引
価値合理的行為	それがもたらす結果の利害計算から離れて、それが行われることで自己の持つ価値を達成しようとする行為　例：売れない芸術家の創作活動

＜支配の3類型＞

伝統的支配	伝統や慣習に合致している点を根拠とする　例：君主制
合法的支配	合法性を有している点を根拠とする　例：官僚制
カリスマ的支配	カリスマ（超人的資質）性を示す。支配者と被支配者との関係は情緒的で不安定、永続化しにくい　例：皇帝ナポレオン1世

＜『プロテスタンティズムの倫理と資本主義の精神』＞

ウェーバーの著書。近代資本主義が西洋で発達した要因として、プロテスタンティズムの一派「カルヴァン派」の予定説による強い影響を指摘。

予定説では、「救われる者はあらかじめ神が決めており、人の行為ではそれを変えられない」と考える。これに「職業は神から与えられた天職」という考えが結びつき、「与えられた職業を全うすることで救われる」という世俗内禁欲が生まれた。これが資本の蓄積を生み出し、資本主義が誕生した。

```
┌─────────────────────┐          ┌─────────────────────┐
│ 予定説：神により誰が救済 │          │ 世俗内禁欲：禁欲的に天職 │
│ されるか決まっている      │          │ に励むことで救われる      │
└─────────────────────┘          │          ↓          │
          ＋              ＝      │      蓄財につながる      │
┌─────────────────────┐          │          ↓          │
│ 職業召命観：各自の仕事は │          │     資本主義の誕生      │
│ 神から与えられた天職      │          └─────────────────────┘
└─────────────────────┘
```

4. ジンメル（独：社会学者）

　デュルケムやウェーバーと同世代の社会学者。コントに代表される総合社会学では、学問としての専門領域が確立していないことを、ジンメルは問題視。社会学独自の専門領域を確立するため、形式社会学を提唱した。

<形式社会学>

　ジンメルが提唱。社会学独自の研究対象を、社会現象の内容ではなく、分野に共通して観察できる「社会化の形式」とすべきと主張した。

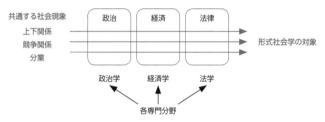

<心的相互作用>

　人々がお互いに関連し合った行為のことを心的相互作用という。この心的相互作用によって社会関係が築かれていく。

社会化としての上下関係

5. ギデンズ（英：社会学者）

　現代の社会学者。人々の相互行為は構造（システム）に基づいて行われるが、その構造自体も相互行為を通じて再生産されるとした。これを構造化理論という。

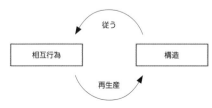

02 社会学

社会変動論

近代化によって、社会はどう変化する？

1. スペンサー（英：社会学者）

コントと並んで社会学の創始者とされる。社会有機体説（P254）に基づいた理論を主張し、生物と同じく社会も「単純なものから複雑なものへ」と進化する社会進化論を唱えた。

軍事型社会（単純）	軍事的統制が、中央集権的政治統制を生み、個人を国家・社会全体に奉仕させる強制的な社会
産業型社会（複雑）	個人が自由かつ自発的に産業に従事し、自治的組織の運営に参加する共存的な社会

2. テンニース（独：社会学者）

社会を2種類に分類し、人間が本来持つ本質意志に基づいて形成される集団をゲマインシャフト（家族や村落など）、人為的な選択意志に基づいて形成される集団をゲゼルシャフト（企業など）と呼んだ。

社会の近代化に伴って、ゲマインシャフトが優位な社会からゲゼルシャフトが優位な社会に発展していくとした。

ゲマインシャフト 例：家族・村落	社会の進化	人間が本来持つ本質意志に基づいて形成される集団。愛情や他者への理解などの感情融合を特徴とする、自然な共同体型社会。人々は本質的に結合
ゲゼルシャフト 例：企業・国家		選択意志に基づいて形成される集団。利害や打算など人為的な結合を特徴とする都市型社会。人々は本質的に分離

テンニースのゲマインシャフト、ゲゼルシャフトは、社会変動以外にも集団類型論（P260）としてもよく出題されるので注意しよう

3. マルクス（独：思想家）

社会主義に強い影響を与えたドイツ出身の思想家。

生産手段の有無によって社会階級が区別され、生産手段を保有する資本家階級が、保有しない労働者階級を支配・搾取すると主張。

マルクスは、この生産関係を「社会の下部構造（土台）」と捉え、上部構造（法や政治）がその上に築かれていると考えた。そのため、生産力と生産関係の矛盾による階級闘争が起こると（下部構造の変化）、上部構造も変化し、社会全体が変化していくとした。

原始共産制社会	→	奴隷社会	→	封建社会	→	資本主義社会	→	社会主義社会
アジア的段階	→	古代的段階	→	封建的段階	→	資本主義段階	→	社会主義

4. オグバーン（米：社会学者）

物質文化と非物質文化の変化速度の差から社会に混乱を与えるという文化遅滞説を唱えた。家族機能縮小説（P263）も提唱している。

物質文化（技術、施設、機械など）	速い変化 →

非物質文化（社会制度、価値体系など）	遅い変化 →	変化速度に差がある

5. ロストウ（米：経済学者）

経済的発展に伴い、あらゆる社会は①伝統社会、②離陸のための先行条件期、③テイク・オフ、④成熟への前進期、⑤高度大衆消費社会の5段階を経ていくとする経済発展段階説を唱えた。

伝統社会　先行条件期　テイク・オフ　成熟への前進期　高度大衆消費社会

経済的発展 →

03 社会学

> 論者によって微妙に分類が違う点に注意

集団類型

1. 集団類型論

社会集団の分類について論じたもの。基本的な分類として、血縁や地縁などの自然なつながりにより成立した集団である基礎集団、目的を持って人為的に形成された機能集団の分類がある。様々な論者が基礎集団と機能集団の概念を唱えている。

論者	基礎集団	機能集団
テンニース（P258）	ゲマインシャフト	ゲゼルシャフト
ギディングス	生成社会	組成社会
高田保馬	基礎社会	派生社会
マッキーバー	コミュニティ	アソシエーション
クーリー	第一次集団	第二次集団

2. ギディングス（米：社会学者）

他者に対して自分の同類だと考える意識を同類意識と呼び、これが社会集団を作る本質だとした。そして社会集団を、血縁・地縁により成立する生成社会、特定の目的・活動により成立する組成社会に分類した。

生成社会 例：家族・民族	血縁・地縁による結合によって自然発生的に成立した集団
組成社会 例：企業・政党	特定の目的、活動のために人為的に作られる集団

3. 高田保馬 (日：社会学者)

　血縁・地縁などの自然的なつながりによって成立する基礎社会、類似や共通利益によるつながりによって人為的に成立した派生社会に分類した。

基礎社会 例：家族・村落	血縁・地縁（自然的紐帯）によって成立している集団
↓ 近代化により基礎社会は衰耗	
派生社会 例：企業・政党	文化や利害の共通性など（人為的紐帯）によって成立している集団

4. マッキーバー (米：社会学者)

　全体的な関心に基づいて成立するコミュニティ、特定の目的に基づいて成立するアソシエーションに分類した。

コミュニティ 例：村落・都市	全体的関心を共有する自然発生的な共同体型社会
アソシエーション 例：家族・企業	特定の関心を達成するために、コミュニティ内において人為的に組織する集団

5. クーリー (米：社会学者)

　人は、「他者から見られた反応（鏡に映った自我）」により社会的自我を作り、その形成の場として家族や仲間集団などの第一次集団を挙げた。第一次集団と対置される第二次集団は、後にK.ヤングが提唱したものである。

第一次集団 例：家族・遊び仲間	連帯感があり、直接的接触による親密な結合を持つ集団
第二次集団 例：企業・労組	利害関心に基づき人為的に組織され、間接的接触しか存在しない集団

> 集団類型論は論者や概念を入れ替えて出題されることが多いので、比較して覚えておこう。
> マッキーバーは、家族を「機能集団」に分類している点に注意

社会学

家族にもいろいろな形が
あるよ

04 家族社会学

1. マードック（米：文化人類学者）

核家族普遍説を主張。あらゆる時代・地域において、共通して見られる家族の形態として核家族を挙げている。

核家族は夫婦と未婚の子どもから構成され、さまざまな家族形態の核となる。核家族から祖父母や子ども家族と形成されるのが拡大（拡張）家族、一夫多妻や一妻多夫によって形成されるのが複婚家族である。

核家族	夫婦のみ、もしくは夫婦＋未婚の子
拡大（拡張）家族	多世代同居型家族。祖父母など（タテの結合）
複婚家族	一夫多妻もしくは一妻多夫（ヨコの結合）

2. ウォーナー（米：文化人類学者）

人が一生の間に所属する家族形態として、定位家族と生殖家族の2つを挙げた。定位家族とは子どもとして生まれて所属する家族であり、生殖家族とは自分が結婚をして形成する家族である。

| 定位家族 | 子どもの世代から見た家族 |
| 生殖家族 | 親の世代から見た家族 |

3. バージェスとロック（米：社会学者）

共著『家族—制度から友愛へ』において、アメリカの家族形態の変化を指摘。村落に多い家父長制家族のような制度的家族から、都市に多い核家族のような友愛的家族が中心になったと主張した。

| 制度的家族 | 伝統的慣習や圧力によって成り立つ家族
例：家父長制家族 |
| 友愛的家族 | 愛情と意見の一致によって成り立つ家族
例：核家族 |

4. オグバーン（米：社会学者）

家族機能縮小説を主張。近代以前の家族は、教育、生産拠点など、多くの機能を持っていたが、近代化により、学校や企業など外部組織がその機能を担うようになった。家族の機能は縮小し、愛情の機能のみが残ったと考えた。

近代以前の家族	教育、宗教、愛情など多機能を持つ
近代化により学校や企業などの機能集団が家族の機能を引き受ける	
近代以降の家族	愛情の機能のみが残る

5. ウルフとブラッド（米：社会学者）

デトロイト市において夫婦の勢力関係について共同調査を行った。夫婦における決定権が夫と妻のどちらにあるか調べたところ、一致型、自律型、夫優位型、妻優位型の４つのタイプに分けられるとした。

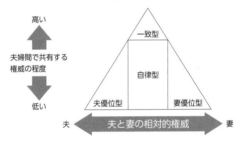

6. アリエス（仏：歴史学者）

近代以前の社会では子どもは「小さな大人」として扱われ、労働力の一端を担っていた。学校などで教育を受けることもなく、大人と同等に扱われていた。

近代、学校制度が整備され、子どもが教育を受けるようになって初めて、「子ども期」が登場し、大人とは別の存在として扱われ、愛情を注ぐ対象とされた。著書『〈子供〉の誕生』。

近代以前	子ども＝小さな大人
近代以降	子ども＝教育を受ける存在、可愛がる対象

05 社会学

社会的逸脱

> 非行や犯罪が生まれるのはなぜ？

1. マートン（米：社会学者）

社会規範や価値観から外れた行動を逸脱行動と呼んだ。

社会的に認められている文化的目標と、それを達成するための制度的手段への受容と拒否の組合せで、同調、革新、儀礼主義、逃避主義、反抗の5つのタイプに分類した。

適応様式	階層	内容	目標	手段
同調	上・中流階層	文化目標を受け入れ、それを合法的な制度的手段を用いて実現する	＋ 受容	＋ 受容
革新	下級階層	文化目標を受け入れるが、それを非合法の活動によって実現しようとする	＋ 受容	－ 拒否
儀礼主義	中流下層	文化目標を実現することはできないが、組織の規則を過剰に遵守し、みずから進んで組織に没入する	－ 拒否	＋ 受容
逃避主義	薬物中毒者、下層民	目標を放棄し、制度的手段も持たない。社会から逃避してしまう	－ 拒否	－ 拒否
反抗	革命家等	古い目標も手段も拒否し、新しい目標と手段を創造する	± 新旧	± 新旧

> 反抗は既存の目標や手段を超越し新たな社会を構築するよ

2. サザーランド（米：社会学者）

分化的接触理論を主張。犯罪行動とは、人々が何らかのかたちで犯罪的文化に接触する中で学習される。つまり、貧困にあえぐ下層民だけでなく、上流中級層も犯罪的文化に接触した場合、ホワイトカラー犯罪に手を染めることがあると指摘。

接触

ホワイトカラー　→　犯罪的文化

学習

3. レマート（米：社会学者）

　逸脱には2段階あり、本人は逸脱行動だと明確に意識していない第一次的逸脱と、周囲から逸脱者として扱われることで自覚する第二次的逸脱があると主張。

第一次的逸脱	本人が逸脱行動だとはっきり意識していない行動で、好奇心による犯罪などがある
第二次的逸脱	他者から逸脱者として扱われ、みずからもそれを逸脱行動と自覚している

4. ベッカー（米：社会学者）

　ラベリング理論を主張。社会の中の有力集団が作ったルールから外れた行為をした人に、「逸脱者」というラベルが貼られることにより、逸脱者は作り出される。

支配者のルール

ルールから外れた行為　　　　　逸脱者のラベリング

5. コーエン（米：社会学者）

　非行下位文化論を提唱。アメリカ大都市部の下層階級出身の少年たちを調査。中産階級的文化に対する反動文化として「非行下位文化」が形成され、その文化への接触と同調により非行が生まれるとした。

反動　　　　　　　　　　　　接触・非行

中産階級文化　→　非行下位文化

6. ゴフマン（米：社会学者）

　身体上の障害や人種の違いなどのスティグマ（好ましくない違い）を負う者への劣等視が正当化されることを指摘した。

劣等視の正当化

スティグマ　　　　　「ノーマルな人」

ゴフマンはドラマツルギー（P269）の提唱者でもあるよ

都市社会学

1. 都市－農村二分法・都市－農村連続法

都市と農村の分析手法。都市－農村二分法は都市と農村は別個の地域社会ととらえ、都市－農村連続法は両者とも連続した地域社会であって程度の違いだと考える。

都市－農村二分法	都市と農村は別個の地域社会である（P.A.ソローキン、C.ジンマーマン）。違いは人口密度、異質性、職業構成等にある
都市－農村連続法	農村が都市化すると都市になる。つまり、都市と農村は都市化の程度の違い（L.ワース）。都市化とは都市的生活様式（アーバニズム）が浸透していく過程だと考える。

2. ワース（米：社会学者）のアーバニズム

ワースは都市的な生活様式をアーバニズムと呼んだ。その特徴は生態学的側面、社会構造的側面、社会心理的側面の３つがある。

生態学的側面	人口が多く、出生率は低い。人種や民族の異質性が高い。地域分化が進んでいる。社会移動量が多い
社会構造的側面	家族の社会的意義が薄い。親族や近隣との結合が薄い。機能集団の形成が進む、集団の専門化が進む。所属集団の数が多い
社会心理的側面	個人主義が発達し、社会的無関心が進んでいる。パーソナリティの操作性が強い。神経的緊張が高い

3. バージェス（米：社会学者）の同心円地帯理論

シカゴをモデルとして円心状に地帯ごとの利用が異なっていることを示した。

1．中心業務地区	非居住地区	ビジネス
2．遷移地帯	下層階層居住地区	スラム
3．労働者住宅地帯	中流下層居住地区	ブルーカラー
4．住宅地帯	中流階層居住地区	ホワイトカラー
5．通勤者地帯	上流階層居住地区	サバービア

07 社会学

社会階級を分けるものは？

階級・階層

1. 階級・階層

●階級…生産手段の所有、非所有によって分けられるもの（K.マルクスが代表的論者）。生産手段を所有するのが資本家、非所有なのが労働者になる。階級は両者に敵対的緊張関係がある。

●階層…職業や収入、財産、学歴などによって、それぞれの社会的威信の差を上下の層（社会成層）に位置づけたもの。階級とは異なり敵対的要素は必ずしも必要ではない（P.A.ソローキンが代表的論者）。

2. 社会移動

社会的地位が社会成層において移動すること。上下方向において移動する垂直移動（上昇的移動、下降的移動）と、同一階層内で移動する水平移動がある。

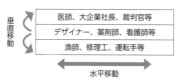

3. 新中間層

K.マルクスの階級論では、生産手段の所有・非所有で資本家と労働者に分けたうえで、その中間に位置する中小商工業者や自作農などを中間階級と呼んだ。現代ではこれらを旧中間層という。

これに対し、20世紀以降の資本主義の発展に伴って増大したサラリーマンなどの事務職や管理職などのホワイトカラーを新中間層という。

社会学

都市社会学／階級・階層

08 社会学

社会にも性格があるよ！

社会心理

1. フロム（米：社会心理学者）

ドイツ出身でアメリカの社会心理学者。精神分析の手法を社会学に導入した。

＜社会的性格＞

１つの集団の大部分が共通して持っている性格の中核のこと。社会的性格はその集団に共通する基本的な経験や生活様式から発達していく。

＜権威主義的パーソナリティ＞

フロムは権威に従順な社会的性格を権威主義的パーソナリティと呼んだ。著書『自由からの逃走』において、ドイツにおいてナチスが台頭した理由を下層中産階級における権威主義的パーソナリティに原因があると分析している。

2. リースマン（米：社会学者）

著書『孤独な群衆』において、社会の変化に伴うアメリカ人の社会的性格の変化を指摘。前近代社会における伝統指向型から、近代社会における内部指向型、そして現代社会における他人指向型の３つの社会的性格に分類している。

社会状況	社会的性格	
前近代社会 （人口の停滞）	伝統指向型	伝統・慣習を重視
近代社会—市民社会 （人口の急増）	内部指向型	伝統から解放、自己の内面重視 コンパス型、ジャイロスコープ型
現代社会—大衆社会 （人口の安定or減少）	他人指向型	他人の目に敏感 レーダー型、アンテナ型

09 社会学

> 人間は社会の中でどう振る舞う？

社会的行為

1. ミード（米：哲学者）

人間の精神や自我には、自分自身から見た自分である「I（主我）」と、他人から見た自分である「me（客我）」があり、この2つの相互作用によって形作られると主張。特定の誰かではなく、一般化された他者（世間一般からの視点）からの期待によって、自分の社会的役割を身につけていくとした。

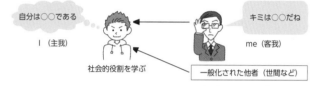

自分は○○である

I（主我）

キミは○○だね

me（客我）

社会的役割を学ぶ

一般化された他者（世間など）

2. ブルーマー（米：社会学者）

ミードの影響を受けてシンボリック相互作用論（象徴的相互作用論）を主張。人間は周囲の事柄の持つ意味に従って行動するが、その意味は人それぞれの解釈が加わったもので、全員に共通ではない。人々は意味と解釈の相互作用を通じて、行為していく。

ビールは苦い

夏場なら美味いかも

ビールは美味い

飲み過ぎは良くない

シンボルを巡る意味の相互作用

3. ゴフマン（米：社会学者）

演劇用語ドラマツルギーを用いて、社会学における観察方法を主張した。人は他者に対して演技（パフォーマンス）をして、自分の役割を演じ、様々な印象操作を行っている。

優等生らしく振る舞おう

うちの子は勉強しているかな？

社会学

社会心理／社会的行為

10 社会学
現代社会学理論

1. パーソンズ（米：社会学者）

1960年代、社会学に強い影響を与えた人物。

＜主意主義的行為理論＞

人々が皆「自分はこうしたい」という主観的な理由で動くと、互いに争い合うことになり、社会の秩序は保てない（これをホッブズ問題という）。

一方で人間は、「あなたはこうしなさい」という客観的な社会規範だけに従って動くものでもない。

この主観、客観の対立する関係に対し、人間は自分の意思や努力で客観的なルール（規範）を身につける（内面化）ことで、秩序に従いながら、自分の目的達成へ向けて行為できるようになる。これを主意主義的行為理論という。

主観：「あのオモチャが欲しい」 客観：社会規範
「ケンカをしてはいけない」
「モノを奪ってはいけない」

社会規範の内面化
「ケンカしないで、お願いしてオモチャを借りる」

＜AGIL図式＞

社会システムを維持するために働きかける機能を4つ挙げ、AGIL図式と呼んだ。パーソンズの共同研究者であるR.F.ベイルズによる小集団研究で、集団が維持される機能を分析した結果が基になっている。

	内容	社会システム
A	適応　　　　[Adaptation]	経済
G	目標達成　[Goal attainment]	政治
I	統合　　　　[Integration]	法律
L	潜在的パターンの維持 [Latency]	教育

＜集団（システム）が維持される過程（AGIL）＞

A：適応
「こういう課題がある、と皆で意識する」　→　G：目標達成
「課題解決に向けて行動する」　→　I：統合
「皆でまとまらないといけない」　→　L：潜在的パターンの維持
「問題解決できたので仲間を維持したい」

2. マートン (米：社会学者)

マートンはパーソンズに師事したが、後に批判的になっていった。

＜中範囲の理論＞

マートンはパーソンズの理論のように社会一般を分析する理論は社会学にとってまだ早いとして、調査による経験的事実と抽象的理論の間をつなぐ、中範囲の理論を主張した。

＜準拠集団論＞

人が価値観や行動を決めるときに影響を受ける集団を準拠集団という。家族、友達などがあり、現在所属する集団だけでなく、過去に所属していた集団や将来所属しようとする集団も含まれる。

＜順機能・逆機能＞

社会システムの維持や目的にプラスになる機能を順機能、逆にマイナスになる機能を逆機能という。官僚制の逆機能が代表例（P229参照）。

3. ルーマン (独：社会学者)

パーソンズに師事。生物学のオートポイエーシス（自己生産）を社会学に導入して、社会システム論を体系化した。

4. シュッツ (オーストリア→米：社会学者)

現象学的社会学を提唱。哲学者E.フッサールの現象学を使ってウェーバーの理解社会学（P256）を捉え直し、生活世界とは何かを考えた。

5. ガーフィンケル (米：社会学者)

シュッツの影響を受けて、エスノメソドロジーの概念を考え出した。エスノメソドロジーでは、日常生活がどのように成り立っているかを、人間の日常的な行為や会話によって分析する。

11 社会学

社会学の調査方法を
チェック

社会調査

1. 社会調査の代表的方法

分類		調査の種類
調査対象	全数調査 （悉皆調査）	対象すべての要素について調査 【長所】誤差が生じない　【短所】費用・時間がかかる
	標本調査 （サンプリング調査）	調査対象から一部を標本として抽出し、調査 【長所】費用・時間の節約 【短所】母集団との間に、標本誤差が生じる
		無作為抽出法（ランダムサンプリング法） 調査者の主観無しに、対象を同じ確率で抽出する 調査結果が、誤差何%の確率で母集団に当てはまるかがわかる
		有意抽出法（非確率標本抽出法） 調査者が母集団の代表となる標本を選び出す

2. 社会調査の代表的種類

分類			調査の種類
データの 収集方法	観察法		参与観察：調査対象の生活に調査者みずからが入り込む
			非参与観察：調査者は外部から観察する
	質問紙法	回答記入者	自計式質問用紙：回答者が自分で書き込む 他計式質問用紙：調査員が回答者に質問して書き込む
		配布・ 回収方法	<u>留置法（配票法）</u>：回収率「高」 　→【特徴】質問紙を渡し、後で回収する <u>郵送法</u>：　　　　　回収率「低」 　→【特徴】質問紙を郵送し、返送してもらう 　　　　　　少人数で広範囲にアクセス可能 <u>電話法</u>：　　　　　回収率「高」 　→【特徴】費用・時間が節約できる 　　　　　　大量・複雑な質問ができない <u>集合調査法</u>：　　　回収率「高」（ただし、偏りがある） 　→【特徴】特定の場所に集合して回答してもらう 　　　　　　一度で大量のデータ収集が可能 　　　　　　調査対象が当日集まれる人に限られる

※質問紙作成の際には、「あなたは学校と勉強は好きですか」といった、1つの質問文に2つ以上の論点があるダブルバーレル質問を避ける必要がある。

（　）に当てはまる言葉を答えよう

	問　題	答
1	コントは社会学の創始者とされ、社会全体を一体のものとして分析する必要があるとして、（　）説を主張した。	社会有機体
2	コントは人間の精神の発展段階に対応して社会が発展していく（　）の法則を主張した。	3段階
3	デュルケムは、自殺とは心理面ではなく、（　）な要因が影響して発生すると分析している。	社会的
4	デュルケムは、社会的連帯の形は、分業が未発達の機械的連帯に基づく（　）から、有機的連帯に基づく（　）へと発展するとした。	環節的社会、有機的社会
5	ウェーバーの提唱した理念型とは、（　）そのものではないが、説明するのに有効なモデルである。	現実
6	ウェーバーの提唱した支配の3類型とは、（　）側のタイプであり、伝統的支配、合法的支配、カリスマ的支配の3タイプがある。	支配される
7	ウェーバーは、キリスト教プロテスタントのカルヴァン派における（　）禁欲が資本主義誕生の要因になったと主張した。	世俗内
8	ジンメルは、コントなどが主張した総合社会学を批判して、心的相互作用に基づく社会化の形式に注目した（　）社会学を主張している。	形式
9	スペンサーは（　）論を唱え、「単純なものから複雑なものへ」と社会は進化すると主張した。	社会進化
10	（　）は本質意志に基づく家族などのゲマインシャフトと、選択意志に基づく企業などのゲゼルシャフトに分類した。	テンニース
11	（　）は血縁・地縁に基づく家族などの基礎社会と、文化や利害など人為的紐帯に基づく企業などの派生社会に分類した。	高田保馬
12	マードックはあらゆる時代、社会を問わず、核家族は普遍的に見られるとする（　）説を主張した。	核家族普遍
13	ウォーナーは家族形態を、子どもとして生まれて所属する（　）と、自分が結婚をして形成する（　）に分類した。	定位家族、生殖家族
14	バージェスとロックは、家父長制家族のような（　）家族が中心だったものが、核家族のような（　）家族へと変化していると主張した。	制度的、友愛的
15	（　）と（　）は、夫婦における決定を夫と妻のどちらが行っているかを調査し、4つのタイプに分類している。	ウルフ、ブラッド

社会学

社会学の一問一答チェック

（　　）に当てはまる言葉を答えよう

	問　題	答
16	アリエスは、『〈子供〉の誕生』において、近代以前の子どもは「（　　）」として扱われ、労働力の一端を担っていたと指摘した。	小さな大人
17	（　　）は、逸脱行動論において、逸脱的行動を同調、革新、儀礼主義、逃避主義、反抗の５つのタイプに分類している。	マートン
18	レマートは、逸脱には２段階あり、本人が逸脱行動だと明確に意識していない（　　）と、明確に意識した（　　）があるとした。	第一次的逸脱、第二次的逸脱
19	ベッカーは、社会のルールから外れた行為をした人に「逸脱者」のラベルを貼ることで逸脱者が作り出されるとする（　　）理論を主張した。	ラベリング
20	ゴフマンは、身体上の障害や人種の違いなどの（　　）を負う者への劣等視が正当化されていることを指摘している。	スティグマ
21	都市―農村二分法は、都市と農村は（　　）の地域社会と捉える立場である。	別個
22	都市―農村連続法は、都市と農村は都市化の程度の違いだと考え、（　　）が浸透していく過程が都市化だとしている。	アーバニズム
23	バージェスの同心円地帯理論では、通勤者地帯は都市の最も外側に位置し、（　　）階層が住む地域だとしている。	上流
24	階級とは（　　）の所有、非所有によって分けられるものであり、マルクスが代表的論者である。	生産手段
25	階層とは職業や収入、財産、学歴などによって、それぞれの（　　）の差を上下の層に位置づけたものである。	社会的威信
26	資本家と労働者の中間に位置する中小商工業者や自作農を（　　）、ホワイトカラーなどの事務職や管理職を（　　）と呼ぶ。	旧中間層、新中間層
27	（　　）性格とは、１つの集団の大部分が共通してもっている性格の中核のことであり、共通した経験や生活様式から発達するとされる。	社会的
28	リースマンは『孤独な群衆』において、アメリカ人の社会的性格を（　　）、（　　）、（　　）の３つに分類した。	伝統指向型、内部指向型、他人指向型
29	ゴフマンは演劇用語である（　　）を社会学に導入し、人は他者に対して、演技をして自分の役割を演じているとした。	ドラマツルギー
30	パーソンズは社会システムを維持するための機能を４つ挙げ、その分析概念として（　　）図式を提唱している。	AGIL

国際関係のかんどころ

重要度 ★★★
難度 ★★★★

国際関係のポイント

- 国家間の関係や外交関係を分析する学問
- 国際連合、軍縮問題、国際関係理論、国際関係史などが出題されやすい
- 苦手であれば深入りしない。時事問題の対策はニュースをチェック

★→よく出る

国際組織パート

- **国際連合・専門機関（P276）**★…国際平和と安全の維持のための国際機関
- **地域機構（P278）**…経済活性化を目的に作られる
- **軍縮（P279）**★…兵器使用を制限した条約

国際関係パート

- **国際関係理論**★…世界大戦への反省から、国同士の理想の関係を研究

現実主義（P280）
勢力均衡で平和を保つ

制度主義・理想主義（P280）
交流と安全保障で平和を保つ

構造主義（P281）
支配関係から先進国と
発展途上国の関係を研究

- **国際関係史**★・日本の戦後外交史

攻略のコツ

- ◎ 基本知識や理念は確実に押さえよう
  - 国際連合や国際関係理論が重要ポイント
- ◎ 深入りしないのも手。得点源にしたいなら、早めに対策を
  - 国際関係は時事的な要素も多く、高得点を狙うには国際事情を中心に幅広い知識が必要になる。世界史・日本史分野で近現代史を補いつつ、時事問題対策をかねて、日々のニュースをチェックしよう

採決方法と拒否権を持つ国を
チェック

国際連合・主要機関

1. 国際連合

国際連合は1945年10月24日に正式発足した国際機関である。その目的は国際平和と安全の維持、諸国間の友好関係の発展などである。国連内部には6つの主要機関がある。

総会	全加盟国の代表から構成される審査機関。 投票権は各国とも1票持つ。基本的に単純多数決による議決が行われるが、平和や安全保障などの重要問題については3分の2以上の多数が必要
安全保障理事会	国際平和と安全に責任を持つ。 15か国で構成され、常任理事国5か国(アメリカ、イギリス、フランス、ロシア、中国)と、任期2年の非常任理事国10か国から構成される。 各国とも1票だが、常任理事国は決議の成立を阻止する拒否権を持つ
経済社会理事会	国際的な経済社会問題を審議、加盟国などに政策勧告する
信託統治理事会	信託統治地域(住民による完全な自治がまだ行われていない地域)を監督する機関。 1994年に最後の信託統治地域が独立したため、活動停止した
国際司法裁判所	国連の主要司法機関。国家間の紛争を解決することを主な目的とする。オランダ・ハーグに設置
事務局	国連における各機関の運営に関する事務を行う機関。機関の長は事務総長(任期5年)である

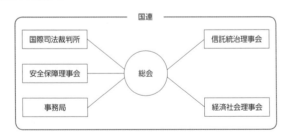

2. 専門機関

国際連合の専門機関は、国連とは別個の機関だが、協定を結ぶことで国連との連携を保って活動している。

<代表的な専門機関>

IMF （国際通貨基金）	1944年のブレトンウッズ協定に基づき1945年に設立。 IMFの役割は、主に国際通貨制度の安定性を保つことにある。そのために世界の経済・金融状況を監視して、国際収支の悪化した国には金融支援を行う
IBRD （国際復興開発銀行）	1944年のブレトンウッズ協定に基づき1946年業務開始。 当初はヨーロッパの復興に資金援助することを目的としていたが、現在では主に発展途上国に対して融資や助言を行うことで開発支援を行っている
ILO （国際労働機関）	1919年のベルサイユ条約により設立。 仕事の創出や社会保障の充実、労働者の権利の保障などを目的としている。 ILOの総会と理事会は、各国の政府、労働者、使用者の三者の代表者によって構成されている
WHO （世界保健機関）	1948年世界保健憲章により設立。 「すべての人々が可能な最高の健康水準に到達すること」を目的として、医学情報の調整や保健の研究・促進、各国への保健事業の技術協力などを行っている
UNESCO （国連教育科学文化機関）	1945年の国際連合教育科学文化機関憲章に基づき、1946年に設立。 「諸国民の教育、科学、文化の協力と交流を通じて、国際平和と人類の福祉の促進」を目的としている。2018年にはパレスチナ問題を理由に、アメリカ、イスラエルが脱退している
IAEA （国際原子力機関）	1957年IAEA憲章に基づき設立。 原子力に関する平和利用の促進と、軍事転用防止を目的としている。国連と協定を結んだ専門機関ではないが、協力関係にある

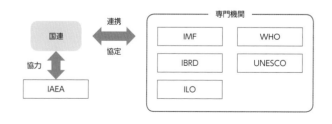

02 国際関係

> 経済の活性化を目的に発足することが多いよ

地域機構

1. EU（欧州連合）

EUは1993年のマーストリヒト条約により発足。加盟各国の外交、安全保障、経済を統合し、単一通貨ユーロも多くの国で導入されている。EU域内では、人と物の移動が自由とされ、出入国や税関の審査が廃止されている。なお、加盟国だったイギリスは2016年の国民投票の結果に基づき、2020年にEUから離脱した。

年代	名称	内容
1951年	ECSC（欧州石炭鉄鋼共同体）	石炭、鉄鋼の共同市場
1958年	EURATOM（欧州原子力共同体）	原子力産業の開発、資源管理
〃	EEC（欧州経済共同体）	経済・市場統合
1967年	EC（欧州共同体）	ECSC、EURATOM、EECを統合
1993年	EU（欧州連合）	経済、外交、安全保障を統合
1999年	ユーロ導入	EUにおける単一通貨

2. APEC（アジア太平洋経済協力）

1989年、オーストラリアの提唱により創設。日本を含めたアジア太平洋地域の21の国と地域が参加する経済協力のための会議。台湾、香港なども地域として参加している。

3. ASEAN（東南アジア諸国連合）

1967年、バンコク宣言により設立。経済成長、政治・経済的安定の確保などを目的としている。2015年にASEAN域内の貿易自由化や市場統合を目指すASEAN経済共同体（AEC）が発足した。

4. NAFTA（北米自由貿易協定）・USMCA（米国・メキシコ・カナダ協定）

NAFTAは1994年に発効した、アメリカ、カナダ、メキシコによる貿易自由化のための協定。関税や輸出入数量制限の撤廃、金融、投資の自由化など対象は幅広い。

2017年に就任したアメリカのトランプ大統領は、カナダ、メキシコ両国にNAFTAの見直しを持ちかけ、交渉の末、自動車関税をゼロとする条件を現地生産率の引き上げなどにより合意した。新たに結ばれた協定がUSMCAであり、2020年に発効した。

03 国際関係

禁止内容と未署名の国を
チェック

軍縮

1. PTBT（部分的核実験禁止条約）

1963年、核実験を部分的に禁止する条約として、アメリカ、イギリス、ソ連の間で調印。発効までに100か国以上が調印したが、核開発が遅れていた中国、フランスなどは調印していない。

禁止対象となるのは、大気圏内、大気圏外、水中での核実験である。ただし、地下での核実験は禁止対象外になっている。

2. NPT（核拡散防止条約）

1968年に調印、1970年に発効したNPTは、アメリカ、ロシア（旧ソ連）、中国、イギリス、フランス以外の核兵器の開発・保有を禁止する条約である。核兵器保有国は非保有国に対しての核兵器技術の供与を禁じられている。また、非保有国は核物質を軍事転用していないか、IAEAによる査察等を受けることが義務づけられている。

国際関係

地域機構／軍縮

3. CTBT（包括的核実験禁止条約）

1996年に国連総会で採択されたCTBTは、地下を含めたあらゆる核実験を禁止する条約である。条約の発効条件として原子炉を保有する44か国の批准が必要となっている。180か国以上が署名しているが、アメリカ、中国、エジプト、イラン、イスラエルが批准せず、インド、パキスタン、北朝鮮は未署名なため、条約発効できていない。

04 国際関係
国際関係理論・重要概念

第一次・第二次世界大戦の反省もあり、
国家同士のシステム研究が進んだ

1. 国際関係理論

国際関係論は大別して、現実主義、制度主義（理想主義）、構造主義の三大潮流がある。

2. 現実主義（リアリズム）

現実主義では、国際政治を国家がパワー（力）を使って国益を追求し合う闘争と考える。力の空白は侵略を招くため、国際政治が安定するためには、勢力均衡（バランス・オブ・パワー）が重要。

分類	論者	主張	主著
古典的現実主義	E.H.カー	第二次世界大戦前の理想主義の主張であった「戦争の違法化による戦争の抑止」は難しいと批判し、現実主義と理想主義の巧みな結合を主張した	『危機の二十年』
古典的現実主義	H.J.モーゲンソー	国際政治とは、国家間の権力闘争が本質だとして理想主義を強く批判。また、ベトナム戦争は国益に合致していないとして反対している	『国際政治：権力と平和』
新現実主義	R.ギルピン	国際的安定は、強力な覇権国により形作られ、維持される。その力が衰えると戦争が発生、新覇権国が誕生、安定するという覇権安定論を主張した	『世界政治における戦争と変動』
新現実主義	K.N.ウォルツ	戦争の原因を「人間」「国内」「国際」の3つに分け、そのうち国際政治の構造に注目する構造的現実主義を主張した	『人間・国家・戦争』

3. 制度主義、理想主義（リベラリズム）

戦争の違法化、集団安全保障体制の確立などを通じて、国際平和を保とうと考えるのが制度主義、理想主義である。国際的な制度や法整備を重視する。

分類	論者	主張	主著
制度主義（理想主義）	K.ドイッチュ	国家間で様々な交流を増やすことで、武力に頼ることなく戦争のない統合ができるとする、多元的安全保障共同体論を主張した	『政治的共同体と北大西洋地域』
新制度主義	R.O.コヘイン J.S.ナイ	国際関係の発展は、各国とも相互に影響を受けるとする相互依存論を主張した。特にナイは、文化や価値観をソフト・パワーと呼び、ソフト・パワーが国益の実現にとって重要だと主張した	『パワーと相互依存』

4. 構造主義（マルキシズム）

マルクス主義の強い影響を受けた理論。支配関係や搾取などの観点から先進国と途上国との関係を分析する。

分類	論者	主張	主著
構造主義	A.G.フランク	ラテンアメリカの研究から、先進国を中心、途上国を周辺として、中心が周辺を搾取しているとした中心－周辺の支配＝従属関係を指摘し、従属論を主張した	『世界資本主義と低開発』
新構造主義	I.ウォーラーステイン	西欧で生まれた資本主義は世界中に拡大、単一の近代世界システムになり国際分業による中心－準周辺－周辺という三層構造を作り上げた。中心は準周辺と周辺から搾取し、準周辺は周辺から搾取していると指摘する世界システム論を主張した	『近代世界システム』

<重要語句>

主権国家	領土、国民、主権の３つを備えた行為主体。17世紀のウェストファリア条約によって成立した（ウェストファリア体制）。国内では支配権を持ち、国際的には国家間は平等な関係にある
国民国家	共通の言語、文化、歴史によって１つにまとめられた国家を国民国家という。19世紀初頭からヨーロッパにおいて成立していった
ナショナリズム	国民の統一や独立、発展などを目指す運動。国家への帰属意識を意味することもある
エスニシティ	言語や宗教などを共有化している民族性のこと。国家の枠組みとエスニシティが一致しないこともある
集団防衛	複数の国が協同して軍事力を整備、運用することで、国家の安全を保つこと。典型例としてはNATO（北大西洋条約機構）がある
集団安全保障	ある国が、戦争など平和を脅かす行為などを行った場合、国際社会全体で制裁を加えることで、平和を維持すること

> 国際社会がどのように変わってきたのかチェック

国際関係史

1. 国際社会の形成

年代	出来事	内容
1648年	ウェストファリア条約	三十年戦争（ドイツを中心とした争い）終結のためのウェストファリア会議で結ばれた条約。 これによりヨーロッパ各国は君主を中心とした主権国家同士の平等な関係が成立した（ウェストファリア体制）
1789−1815年	フランス革命／ナポレオン戦争	フランスにおける市民革命。 この革命以後、主権者が君主から国民に変わり国民国家が成立、各国に広がった（ウェストファリア体制の崩壊）
1814−15年	ウィーン会議	ナポレオン戦争後のヨーロッパ秩序について行われた国際会議。 正統主義として革命前の国境に戻すことが決められ、各国の勢力均衡が図られた（ウィーン体制）

2. 第二次世界大戦まで

年代	出来事	内容
1914−19年	第一次世界大戦	ヨーロッパを主戦場とした初の世界戦争
1918年	14か条	アメリカのウィルソン大統領による第一次世界大戦後の戦後構想。秘密外交の禁止、民族自決などが盛り込まれていた
1919年	ベルサイユ条約	イギリス、フランスなどの連合国とドイツで結ばれた第一次世界大戦の講和条約。ドイツに対して高額の賠償金が課せられた
1920年	国際連盟	世界平和の維持のために設立された国際機関。アメリカのウィルソン大統領の14か条に基づき設立されている。アメリカは不参加
1928年	不戦条約	国際紛争は平和的手段によって解決し、戦争に訴えることを禁止した条約
1939−45年	第二次世界大戦	ほとんどの大国が参加した世界戦争。ヨーロッパや中東、アジア太平洋などが戦場になった

3. 第二次世界大戦後

年代	出来事	内容
1946年	「鉄のカーテン」演説	ソ連が東欧を勢力圏にして、自由主義国との間に境界を作りつつあることを批判した、イギリスのチャーチル元首相の演説
1947年	トルーマン・ドクトリン	アメリカは、ソ連を始めとした共産主義陣営の脅威に対抗する外交政策を表明し、共産主義封じ込め政策を行うようになった。 ギリシャ、トルコへの支援開始がきっかけ。冷戦の開始
	マーシャル・プラン	アメリカ国務長官マーシャルによるヨーロッパ復興計画の表明。戦争により疲弊したヨーロッパに共産主義陣営が影響力を持つことを防ぐための政策
1949年	NATO発足	アメリカやカナダ、西ヨーロッパ諸国の間で結ばれた北大西洋条約に基づく軍事同盟。共産主義陣営への対抗するためのもの
1962年	キューバ危機	ソ連がキューバにミサイル基地を建設することに対して、アメリカがそれを阻止するために海上封鎖し、アメリカとソ連との間で緊張が高まった事件
1966年	フランスがNATO脱退	フランスのド＝ゴール大統領はNATOの運営がアメリカ主導で行われていることを批判し、NATOから脱退した
1979年	ソ連、アフガニスタン侵攻	アフガニスタンの親ソ連の社会主義政権を支援するために、ソ連軍がアフガニスタンに侵攻。紛争は長期化し1989年にソ連軍は撤退
1989年	マルタ会談	マルタ島で行われたアメリカのブッシュ大統領とソ連のゴルバチョフ書記長による米ソ首脳会談。冷戦の終結が宣言された
1991年	湾岸戦争	1990年、イラクがクウェートを侵攻。1991年、アメリカを中心とする多国籍軍がイラクを攻撃し、クウェートからイラク軍を撤退させた
2001年	アフガニスタン戦争	対テロ戦争としてアメリカが侵攻。2021年に完全撤退
2003年	イラク戦争	アメリカ、イギリスが実行した軍事作戦。2003年に主要な戦闘は終了。一部米軍は駐留を継続
2022年	ロシア・ウクライナ侵攻	ロシアによる隣国ウクライナへの侵攻

国際関係

国際関係史

各国との条約と、安全保障を
押さえよう

日本の戦後外交史

1. 冷戦期

年代	出来事	内容	首相
1951年	サンフランシスコ講和条約	第二次世界大戦終結のため、日本と交戦していた各国との講和条約。52か国が参加、48か国が署名している（ソ連など数か国は署名を拒否）。翌年の発効により、日本は主権を回復。なお、中国は招かれていない	吉田 茂
	（旧）日米安全保障条約	日本の主権回復後も、米軍が日本に駐留することを認めた条約。米軍は日本に武力攻撃や内乱があった場合に出動できるとしている。ただし、米軍に日本の防衛義務はない	
1956年	日ソ共同宣言	ソ連との戦争状態を終結させ、外交関係を回復。北方領土問題について「平和条約締結後に、ソ連は日本に歯舞群島と色丹島を引き渡す」とされた	鳩山 一郎
1960年	日米安全保障条約改定	旧安保条約の片務的な内容から、相互防衛的な内容への改定を目指して行われた。この改定により、米軍による日本の防衛義務が明記された	岸 信介
1965年	日韓基本条約	日本は韓国を朝鮮半島での唯一の合法政府と認め、日韓併合条約などの失効を確認、両国の外交関係を開設した	佐藤 栄作
1972年	沖縄返還	戦後、アメリカの統治下にあった沖縄県の「核抜き本土並み」による日本への返還	
	日中共同声明	中国との国交正常化のための声明。日本は中華人民共和国を唯一の政府と認め、中華民国（台湾）とは外交関係を打ち切った	田中 角栄

<冷戦期の重要語句>

● 単独講和論／全面講和論…サンフランシスコ講和条約に関して、アメリカとの講和を急ぐ単独講和論と、ソ連等を含んだ全連合国と講和すべきとする全面講和論があった。日本の国内世論は両者が対立していた。

● 吉田ドクトリン…吉田茂にちなむ戦略で、日本の防衛は米軍に多くを依存して自国は軽武装とし、経済発展を最優先とするもの。

年代	出来事	内容	首相
1992年	PKO協力法	PKO（国連平和維持活動）への自衛隊の参加、活動を認める法律。これにより、自衛隊はカンボジアPKOに参加	宮澤 喜一
1997年	クラスノヤルスク合意	2000年までに日露間で領土問題を解決し、平和条約を結ぶことを目指すとした首脳間合意	橋本 龍太郎
1999年	ガイドライン関連法	日本への直接攻撃だけでなく、日本周辺に差し迫った危機が及ぶ場合に、自衛隊による米軍への後方支援を可能とする法律	小渕 恵三
2002年	日朝平壌宣言	北朝鮮を訪問した小泉首相と、金正日国防委員長による共同宣言。内容は、日本人拉致問題の解決、植民地支配への謝罪、日朝国交正常化交渉の再開など	小泉 純一郎
2003年	イラク特別措置法	イラク戦争後の復興支援のために、自衛隊の参加、活動を認める法律	
2014年	集団的自衛権閣議決定	集団的自衛権の行使を認めてこなかったこれまでの閣議決定を変更し、これを認める閣議決定を行った	安倍 晋三
2015年	新ガイドライン	グレーゾーン事態に対応することや、平時からの日米の協力体制の強化が定められた	
	安全保障関連法	集団的自衛権を行使可能にするため関連する法律が整備された	
2022年	安保3文書改訂	国家安全保障戦略などの3つの文書を改訂し、敵のミサイル発射基地などをたたく反撃能力の保有が明記された	岸田 文雄

国際関係

日本の戦後外交史

<冷戦後の重要語句>

●ガイドライン…正式名称は「日米防衛協力のための指針」。日米両国の防衛に関する任務や協力についての方向性を示す指針のこと。

●集団的自衛権…自国と密接な関係にある国が攻撃された場合、自国が直接攻撃されていなくても反撃に加わること。

●安保3文書…外交・安全保障の基本方針を定めた「国家安全保障戦略」、防衛方針を定めた「国家防衛戦略」、防衛費の総額と装備の取得計画を定めた「防衛力整備計画」の3つの安全保障関連文書のこと。

（　）に当てはまる言葉を答えよう

問　題	答
1 国際連合の総会における議決は、各国が1票ずつ投票権を持ち、基本的に（　）によって議決される。	単純多数決
2 安全保障理事会における常任理事国は、アメリカ、イギリス、フランス、ロシア、中国の5か国であり、これらの国は（　）を持つ。	拒否権
3 国際連合の事務局は、各機関の運営に関する事務を担当し、その長は（　）である。	事務総長
4 （　）はブレトンウッズ協定に基づき、主に国際通貨制度の安定性を保つことを目的として設立された。	IMF（国際通貨基金）
5 （　）は仕事の創出や社会保障の充実、労働者の権利の保障などを目的とした専門機関である。	ILO（国際労働機関）
6 （　）は「すべての人々が可能な最高の健康水準に到達すること」を目的として、保健事業の技術協力などを行っている専門機関である。	WHO（世界保健機関）
7 （　）は「諸国民の教育、科学、文化の協力と交流を通じて、国際平和と人類の福祉の促進」を目的とした専門機関である。	UNESCO（国連教育科学文化機関）
8 （　）は原子力に関する平和利用の促進と、軍事転用防止を目的として設立され、活動している。	IAEA（国際原子力機関）
9 （　）はマーストリヒト条約により発足し、加盟各国の外交、安全保障、経済を統合することを目標としている。	EU（欧州連合）
10 EUでは、（　）が自由とされ、加盟国各国での出入国や税関の審査が廃止されている。	人と物の移動
11 （　）はオーストラリアの提唱により創設された経済協力会議であり、日本を含めたアジア太平洋地域の21の国と地域が参加している。	APEC（アジア太平洋経済協力）
12 （　）は、1967年のバンコク宣言によって設立され、経済成長、政治・経済的安定の確保などを目的とした連合である。	ASEAN（東南アジア諸国連合）
13 （　）はアメリカ、ロシア、中国、イギリス、フランス以外に核兵器の開発・保有を禁止する条約である。	NPT（核拡散防止条約）
14 （　）は、地下を含めたあらゆる核実験を禁止する条約だが、発効条件を満たしていないため、発効されていない。	CTBT（包括的核実験禁止条約）
15 国際関係理論における（　）は、国家がパワーを使って国益を追求し合う闘争が国際政治だと考え、勢力均衡が重要だとしている。	現実主義

	問　題	答
16	国際関係理論における（　　）、（　　）は、戦争の違法化や集団安全保障体制の確立などを通じて、国際平和を保とうとする理論である。	制度主義、理想主義
17	国際関係理論における（　　）は、支配関係や搾取などの観点から先進国と途上国の関係を分析する理論である。	構造主義
18	国民の統一や独立、発展などを目指す運動を（　　）という。国家への帰属意識を意味することもある。	ナショナリズム
19	（　　）とは、NATOなどのように複数の国が協同して軍事力を整備、運用することで、国家の安全を保つことをいう。	集団防衛
20	1648年のウェストファリア条約によって、ヨーロッパ各国は（　　）同士の平等な関係となった。これをウェストファリア体制という。	主権国家
21	アメリカのウィルソン大統領による（　　）に基づき、1920年に国際連盟が設立されたが、アメリカは加盟を見送っている。	14か条
22	1946年にイギリスのチャーチル元首相によって行われた「（　　）」演説では、ソ連が東欧を勢力圏にしていることを批判している。	鉄のカーテン
23	1947年のトルーマン・ドクトリンにより、アメリカは共産主義に対する封じ込め政策を明確にし、（　　）が始まった。	冷戦
24	1989年のアメリカのブッシュ大統領とソ連のゴルバチョフ書記長との間で行われたマルタ会談により、（　　）が宣言された。	冷戦の終結
25	サンフランシスコ講和条約では、日本の他に48か国が署名しているが、（　　）は署名を拒否している。なお、（　　）は招かれていない。	ソ連（ソビエト連邦）、中国
26	（　　）内閣において1956年に発表された日ソ共同宣言では、「平和条約締結後に、ソ連は日本に歯舞群島と色丹島を引き渡す」とされた。	鳩山一郎
27	（　　）内閣において1960年に行われた日米安全保障条約改定では、旧日米安保条約には無かった米軍による日本の防衛義務が明記された。	岸信介
28	（　　）内閣の1972年の日中共同声明により、日本は中華人民共和国との外交関係を結び、中華民国との外交関係は打ち切っている。	田中角栄
29	（　　）内閣による1999年のガイドライン関連法は、日本周辺に差し迫った危機が及ぶ場合、自衛隊の米軍への後方支援を可能にした。	小渕恵三
30	（　　）内閣による2002年の日朝平壌宣言では、日朝国交正常化交渉の再開が行われた。	小泉純一郎

国際関係

著者

上野法律セミナー　　うえのほうりつセミナー

東京のJR上野駅前にある公務員試験・就職試験対策を指導する専門機関。数多くの大学と
提携し、大学内で試験対策セミナーを実施している。上野駅前教室では業界初の「マンツー
マン授業」を行うなど、合格までの手厚いフォローに定評がある。公務員試験では覚えた知
識をすぐ問題解法につなげる「アウトプット方式」という授業方式で高合格率を達成している。
2021年より、公務員受験者への情報提供サイト「公務員試験ラボ」を配信。全国の受験者へ
公務員試験に関する情報を無料で提供している。
〒110-0015　東京都台東区東上野3-18-7　SK上野ビル6階
TEL 03-3831-1223　URL https://www.ueno-semi.com/

上野法律セミナー

公務員試験ラボ

代表

澗田雅之　　たにだ まさゆき

1985年から公務員受験専門学校で受験指導を行い、短期間で合格するためのノウハウを構
築。2011年に「株式会社上野法律セミナー」を創立し、講義のほか、講演・学校運営コンサ
ルティングも行っている。

【本書籍執筆者】　澗田雅之、西川哲生、山岸美穂

これだけ！　専門試験
[要点まとめ&一問一答]

著　者　上野法律セミナー
発行者　髙橋秀雄
発行所　**株式会社 高橋書店**
　　　　〒170-6014 東京都豊島区東池袋3-1-1　サンシャイン60 14階
　　　　電話　03-5957-7103
©UENO LAW SEMINAR　　Printed in Japan

本書の内容についてのご質問は「書名、質問事項(ページ、内容)、お客様のご連絡先」を明記のうえ、
郵送、FAX、ホームページお問い合わせフォームから小社へお送りください。
回答にはお時間をいただく場合がございます。また、電話によるお問い合わせ、本書の内容を超えた
ご質問にはお答えできませんので、ご了承ください。
本書に関する正誤等の情報は、小社ホームページもご参照ください。

【内容についての問い合わせ先】
　書　面　〒170-6014 東京都豊島区東池袋3-1-1 サンシャイン60 14階
　　　　　高橋書店編集部
　ＦＡＸ　03-5957-7079
　メール　小社ホームページお問い合わせフォームから　(https://www.takahashishoten.co.jp/)

【不良品についての問い合わせ先】
　ページの順序間違い・抜けなど物理的欠陥がございましたら、電話03-5957-7076へお問い合
　わせください。ただし、古書店等で購入・入手された商品の交換には一切応じられません。